RAÍZES

A ciência do folclore

A ciência do folclore

Rossini Tavares de Lima

Martins Fontes
São Paulo 2003

*Copyright © 2003, Livraria Martins Fontes Editora Ltda.,
São Paulo, para a presente edição.*

1ª edição
1978 (Editora Ricordi)
2ª edição
novembro de 2003

Revisão técnica
J. GERARDO M. GUIMARÃES

Acompanhamento editorial
Helena Guimarães Bittencourt
Preparação do original
Alessandra Miranda de Sá
Revisões gráficas
*Sandra Garcia Cortes
Solange Martins
Dinarte Zorzanelli da Silva*
Projeto gráfico
Marcos Lisboa
Produção gráfica
Geraldo Alves
Paginação/Fotolitos
Studio 3 Desenvolvimento Editorial

Dados Internacionais de Catalogação na Publicação (CIP)
(Câmara Brasileira do Livro, SP, Brasil)

Lima, Rossini Tavares de, 1915-1987.
A ciência do folclore / Rossini Tavares de Lima. – 2ª ed. – São Paulo : Martins Fontes, 2003. – (Raízes)

Bibliografia.
ISBN 85-336-1910-3

1. Cultura popular 2. Folclore 3. Folclore – Brasil – Pesquisa 4. Folclore – Estudo e ensino I. Título. II. Série.

03-5537   CDD-398

Índices para catálogo sistemático:
1. Folclore 398

Todos os direitos desta edição reservados à
Livraria Martins Fontes Editora Ltda.
*Rua Conselheiro Ramalho, 330/340 01325-000 São Paulo SP Brasil
Tel. (11) 3241.3677 Fax (11) 3105.6867
e-mail: info@martinsfontes.com.br http://www.martinsfontes.com.br*

ÍNDICE

Apresentação IX

Cultura popular, música popular, arte popular 1
Princípios gerais da Ciência do Folclore 3
Comemorações de folclore: apoteoses de miscelâneas ... 5
Uma palavra 11
Outros títulos 14
Ciências afins: terminologia 17
Conceito 24
A pesquisa 31
Questionário e entrevista 37
Pesquisa na Escola de Folclore 48
Análise e interpretação de dados 57
Culturas 62
Aculturação 71
Museu de Folclore 79
Conscientização 92
Música 103

Instrumentos musicais 110
Aproveitamento, projeção; sugestão para trabalho escolar .. 120
História da estória 128
Folclore em textos eruditos 141
Desenvolvimento da pesquisa sobre folclore 163

Seleção bibliográfica (1950-1976) 177
Bibliografia 231

APRESENTAÇÃO

Esta é a 2.ª edição de *A ciência do folclore*, do professor Rossini Tavares de Lima, tão esperada por todos os interessados no estudo do nosso complexo cultural espontâneo.

Escrita em linguagem estimulante e dirigida aos estudiosos que reconhecem a importância do conhecimento do folclore, a obra tem uma destacada significação didática.

Este livro é fruto do conhecimento adquirido pelo autor durante cerca de 50 anos, em pesquisa de campo, liderando equipe especialmente preparada de estudiosos, alunos e técnicos profissionais. Seu maior incentivador foi Mário de Andrade, de quem foi aluno no Conservatório Dramático e Musical de São Paulo e a quem substituiu.

A *teoria da cultura espontânea* formulada por Rossini Tavares de Lima é a resultante de uma experiência largamente vivenciada ao lado do povo cantante, dançante, contador de estórias e causos, supersticioso e profundamente religioso, temente a Deus e a forças adversas, imaginárias na maioria das vezes. As características do brasileiro são aqui reveladas pelos seus usos e costumes, pelos seus "modos de pensar, sentir e agir", cientificamente ordenadas em capítulos bem definidos. Sua formação musical tem importante papel nas esclarecidas análises que nos legou das cantigas e na classificação dos instrumentos musicais folclóricos.

O livro constitui um verdadeiro roteiro para todos aqueles que desejarem aprofundar seus conhecimentos sobre os métodos de pesquisa, a elaboração de questionários para entrevistas com informantes, a análise e a interpretação de dados, o estudo do folclore em textos eruditos e a criatividade do artista folclórico. Os professores encontrarão, ainda, orientação para o aproveitamento, também chamado "projeção", do folclore em trabalhos escolares, tanto na linguagem como nos jogos, nas brincadeiras e no teatro.

Trata-se de obra sem precedente no campo didático, com precioso e variado conteúdo, que ressalta a importância da expressão cultural espontânea, não dirigida.

Como ex-aluna de folclore do professor Rossini Tavares de Lima e em respeito aos amplos caminhos do conhecimento que ele apontou, a nós, seus discípulos e seguidores, cabe-me hoje reconhecer, de público, a inestimável contribuição que seu pesquisar, na área de estudos à qual se dedicou, deixou como legado – marco-padrão de saber – ao mundo da ciência.

MARIA DO ROSÁRIO S. TAVARES DE LIMA

À Julieta de Andrade

CULTURA POPULAR, MÚSICA POPULAR, ARTE POPULAR

Em nossas considerações teóricas, preferimos não nos referir à expressão *cultura popular* e tampouco à *música popular* ou *arte popular*, porque geralmente são mal formuladas ou conceituadas e acabam por incluir nos seus domínios culturas dirigidas, com finalidades comerciais ou de consumo, que se comunicam em conseqüência de ampla publicidade e se definem pela moda. Já Mário de Andrade, por essa razão, ao desejar que se incluísse o popular no folclore*, reservando-se-lhe o uso para expressões folclóricas, sugeriu que se denominasse a música chamada popular de *popularesca*, o que entretanto não vingou**. Continuaram a chamá-la de música popular, com todas as suas características de manifestação de cultura comercial ou de consumo. Também ao analisarmos os livros, as gravações e as exposições que se rotulam de popular – cultura popular, música popular, arte popular –, vamos notar que revelam grande confusão conceitual, incluindo no seu contexto o popularesco e o folclórico. Há livros chamados de cultura popular que cui-

---

* Em dezembro de 1995, na cidade de Salvador (BA), realizou-se o VIII Congresso Brasileiro de Folclore. Na ocasião, procedeu-se à releitura da Carta do Folclore Brasileiro, de 1951, decidindo-se que, seguindo a orientação da Unesco, os termos "folclore" e "cultura popular" seriam tratados como equivalentes. Cf. Recomendações da Unesco sobre salvaguarda do Folclore, por ocasião da 25.ª Reunião da Conferência Geral da Unesco, realizada em Paris em 1989 e publicada no Boletim n.º 13, da Comissão Nacional de Folclore, jan./abr. 1993.

** De fato, a não-aceitação dessa proposta indica que é preciso rever este posicionamento. Aliás, em obras posteriores, Rossini Tavares de Lima vislumbra esta possibilidade.

dam, claro, de folclore, outros se referem apenas à expressão popularesca e ainda existem os que misturam o popularesco e o folclórico. No domínio das gravações o que predomina com o título de música popular é a música popularesca, comercial, de consumo, com um e outro disco de aproveitamento* de folclore, geralmente produzido por quem desconhece folclore, o que nem sempre se caracteriza na melodia cantada. Nas exposições ou nas feiras de cultura popular, por falta da presença do folclorista, bem formado cientificamente, a confusão atinge as raias do absurdo, misturando-se popularescos e até eruditos com o folclore.

---

* Aproveitamento de folclore; Aplicação de folclore; Projeção de folclore; Projeção estética de folclore, são títulos utilizados para denominar a recorrência às expressões de folclore tanto na educação (ensino-aprendizagem) quanto na arte (fazer artístico). No Brasil, pelo menos desde a década de 1950 o assunto tem sido discutido.

PRINCÍPIOS GERAIS DA CIÊNCIA DO FOLCLORE

Com base na *teoria de cultura espontânea*, de nossa autoria, a professora Julieta de Andrade formulou os seguintes princípios gerais:

1º PRINCÍPIO: Todo homem de sociedade letrada tem uma expressão de cultura espontânea, logo é portador de folclore.

2º PRINCÍPIO: O folclore evolui, exclusiva e livremente, através de sua própria dinâmica.

Corolário 1 – Toda expressão de folclore pode sofrer naturalmente mudança de função, mas quando a perde, embora naturalmente, ingressa na história do folclore.

Corolário 2 – Nenhuma expressão de folclore se descaracteriza por sua própria dinâmica; a descaracterização é sempre conseqüência de ação estranha ao campo do folclore.

Corolário 3 – A expressão de folclore, resultante de aculturação, não é simples soma de traços e complexos de culturas diversas; sua caracterização, no tempo e no espaço, é definida pela reinterpretação.

3º PRINCÍPIO: O folclore dos integrantes de cada sociedade especifica suas características diferenciais, em cada época de sua existência.

4º PRINCÍPIO: O folclore interage com a cultura erudita e com a cultura de massas, incluindo a popularesca, unicamente através do seu próprio critério de aceitação coletiva espontânea.

Corolário 1 – Qualquer imposição de direcionamento ou propositura de elementos alheios à expressão espontânea do folclore descaracteriza-o.

Corolário 2 – Toda manifestação de folclore que se descaracteriza por essas razões passa a integrar o contexto de cultura popularesca.

Corolário 3 – A interação natural do folclore com cultura erudita e de massas, incluindo a popularesca, é por si mesma geradora de novas expressões de cultura espontânea.

Corolário 4 – A divulgação nada acrescenta, diminui e em nada interfere, de qualquer modo, na dinâmica evolutiva da manifestação de folclore.

5º PRINCÍPIO: Folclore, como manifestação de cultura, existe para ser vivenciado e estudado e não para ser exibido.

Corolário 1 – O deslocamento dirigido da manifestação folclórica, para região diversa da sua, quebra-lhe a espontaneidade, vindo a descaracterizá-la paulatinamente.

Corolário 2 – A pesquisa científica, feita com metodologia adequada, age apenas como fator de interação, respeitando os padrões e a dinâmica da manifestação de folclore.

Corolário 3 – A descaracterização do folclore, como decorrência da pesquisa, é índice de falha na aplicação da metodologia científica.

COMEMORAÇÕES DE FOLCLORE:
APOTEOSES DE MISCELÂNEAS
(por Julieta de Andrade)

Agosto, mês do Juízo Final

Quando idealizo o Juízo Final, imagino-o como o alarido de um viveiro de pássaros: muitas cores, um movimento imenso de gente sentindo a alegria incontida de uma descoberta, na ressurreição; tantas coisas e fatos familiares que existiram perto de cada um, mas que passaram despercebidos, no burburinho da vida. De repente, essas coisas e fatos assumem valor de objeto de pesquisa, valor emocional...

Feito o Juízo do fim dos tempos, ante a eternidade (tão longa...) tais fatos e objetos certamente serão apagados das mentes; já não valerá mais a pena ocuparem-se deles. Serão apenas longínquas reminiscências terrenas.

Assim ocorre com o Folclore em agosto.

O Decreto federal n.º 56.747, de 17-8-1965, considera o folclore como elo valioso da continuidade tradicional brasileira, e "a pesquisa de folclore como fator legítimo para o maior conhecimento e mais ampla divulgação da cultura brasileira". A partir daí, pede "promoções de iniciativa oficial ou privada, estimulando ainda, nos estabelecimentos de curso primário, médio e superior, as celebrações que realcem a importância do folclore na formação cultural do país". E ordena celebrar a 22 de agosto o Dia do Folclore, em todo o país.

O decreto estadual (São Paulo) de 22-6-1967 diz que o Folclore "representa como um espelho da alma popular e amálgama de conhecimentos e práticas que contribuem para fortalecer os laços da comunidade, da Nação e da fraternidade humana". Institui, então, o Mês do Folclore no Estado de São Paulo.

... Amálgama de conhecimentos e práticas. Amálgama é mistura, é troca de elementos, é fusão. Para se conhecer bem a representatividade de cada elemento, é preciso estudo, análise... e o que se vê por aí? Por aqui, no meio de nós?

Ora, o Museu do Folclore de São Paulo* é um centro de estudo e pesquisa de cultura espontânea brasileira, que mantém a exposição de peças de folclore aberta à visitação pública, no Parque Ibirapuera, nas tardes de terça a domingo.

Em agosto, há trabalhos escolares alusivos a serem providenciados. Como até julho ninguém havia falado sobre folclore, o tema é surpresa para pais e filhos. Numa tomada de consciência rápida, coletiva e convergente, jovens e adultos de todos os lados acorrem ao Museu; colégios marcam visitas para turmas, outras turmas visitam sem prévio aviso, a exposição dá a impressão de um viveiro de pássaros, muitas cores, um movimento imenso de gente sentindo a alegria incontida de uma descoberta; tanta coisa que existe perto de cada um, mas que passa despercebida, no burburinho da cidade! E, de repente, assume valor de objeto de pesquisa, valor emocional...

Alguns visitantes pedem dados prontos e objetivos sobre o folclore do Amazonas, sem se lembrarem de que o Amazonas é distante também para os folcloristas e de que, para haver pesquisas prontas e objetivas, é preciso haver mais pesquisadores. Temos poucos dados sobre o Amazonas folclórico; sobre Roraima, Amapá, Acre, nem se diga...

Outros se admiram de não haver fotografias coloridas à venda; esquecem-se de que Folclore, como qualquer ciência, não se estuda

---

* Atualmente denominado Museu de Folclore Rossini Tavares de Lima, localiza-se na Praça Dr. Ennio Barbato, s/n.º, São Paulo, SP. (N. do E.)

nem se aprende por fotografias. Há quem pergunte por ilustrações coloridas para distribuição... gratuita. Há ainda os que se chocam com o fato de haver tão poucos folcloristas... à disposição. Nem lhes ocorre que cada brasileiro é um folclorista em potencial, mas que é preciso querer sê-lo, estudar e se pôr, a si mesmo, na disponibilidade tão requisitada...

E que dizer daqueles que, pelo telefone, pedem "uma bibliografia especializada, se possível com índice remissivo, para facilitar o trabalho de agosto"? Então, quem é folclorista o ano inteiro, ouve frases assim:

– O senhor tem a obrigação de incentivar o folclore!
– Como? Não há *slides* do folclore do Amapá?
– Não há monitores que expliquem o museu? É tão complicado ler o guia impresso!

Certo, tudo isso nasce de um sentimento positivo, provindo do impacto do confronto com a realidade do homem brasileiro, nasce da boa vontade, da falta de informação, nasce seja a que título for. Mas o pobre folclorista, aturdido com o mês de agosto, a lhe trazer de avalanche tantos pedidos, pensa nos... milhões de brasileiros que têm, ou deveriam ter a obrigação de conhecer melhor sua gente, descobrindo-lhe a índole brasileira, a amálgama de conhecimentos e práticas de que fala o decreto, porque é assim que se incentiva o folclore: conhecendo o povo, pesquisando-o, analisando-o e interpretando-lhe a cultura espontânea.

E depois de agosto? Que é feito das reivindicações? De tanta ebulição? Ela se acalma, hiberna-se o interesse por folclore até o ano seguinte, quando todo mundo vai renascer de repente, para tentar, de todos os modos, conseguir "uma entrevista gravada, que não dê muito trabalho", arrumar "visitas com monitores, a fim de não precisar ler o guia impresso", para conhecer bem de perto um folclorista de renome, "um verdadeiro idealista, um profeta!..."

As comemorações

O Decreto federal n.º 56.747 citado sugere "promoções de iniciativa oficial ou privada, estimulando ainda, nos estabelecimentos de curso primário, médio e superior, as celebrações que realcem a importância do folclore na formação cultural do país", para celebração do dia 22 de agosto.

Na sua sabedoria, o diploma legal pressupõe que se conheça um mínimo de folclore, para que sua importância possa ser realçada. Entretanto, tais comemorações, por causa da falta de conhecimento do que seja realmente o folclore, e por causa de errônea compreensão do texto do Decreto, têm-se constituído em desfilar de grupos nem sempre folclóricos e, quando grupos de expressão espontânea, numa apresentação simplista, desprovida de informações sobre o significado e função do fato cultural no lugar de onde proveio.

Por conta de atender à necessidade de exibir grupos de diversas regiões, vem acontecendo uma semiprofissionalização de muito grupos, antes folclóricos, sem um preparo concomitante de seus componentes, para integrar a vivência sujeita a contratos e deslocamentos geográficos. Evidentemente, tudo isso poderia ser feito, mas de maneira diferente; os grupos espontâneos são formados por pessoas que têm profissões e trabalhos que lhes garantem sobrevivência em sua cidade; há, assim, empregos a serem atendidos, horários a serem obedecidos; ora, se chega agosto e começam a sobrevir viagens inesperadas, haverá faltas ao serviço, conseqüências indesejáveis. Por isso falo em semiprofissionalização; o grupo passa a ter esperanças de novos contratos, além da ocorrência de outro fator, bastante sutil, mas válido porque verdadeiro: a expressão de folclore, antes feita, em sua espontaneidade, para uma função específica – devoção ou cumprimento de promessa –, passará a ser encarada por seus próprios portadores como espetáculo a ser exibido, contra pagamento, por pequeno que seja. Assim se inicia uma lenta mas progressiva descaracterização. Quem cantava e dançava por fé, para a festa de seu santo, passa a cantar e dançar por palmas e sucesso momentâneo. É pena, pois a troca só vale um mês; setembro chega e, com ele, o esquecimento.

Creio mesmo importante chegar-se à conclusão de que, em agosto, as celebrações devem ater-se exclusivamente à letra da lei: realçar a importância do folclore na formação cultural. Acho fundamental o estudo sério do folclore.

Nas escolas, infelizmente, o quadro não muda muito. Desde junho, há festas de São João, com muita alegria, casamento caipira, quadrilha, barraquinhas e prendas. Tudo lindo, menos o estereótipo de caipira remendado, rosto pintado a carvão, ridicularizado. Não sou contra a alegria, mas, por mais que faça, após tanto anos de estudo de folclore, não posso ser a favor de uma figura que não corresponde à realidade cultural do nosso homem do campo; ele não vai a festas cheio de remendos.

Quando, em comemorações, há encontro de grupos folclóricos e estudantes, ocorrem episódios pitorescos mas lastimáveis, que demonstram o despreparo com que os professores remetem seus alunos às situações de aprendizado extracurricular. O estudante, de gravador em punho, pergunta:

– O senhor é pernambucano de Pernambuco mesmo, ou de outro Estado?

E ouve a resposta, piedosa, mas incisiva:

– Pernambucano de Pernambuco.

– E o que o senhor acha do folclore?

– Bem, o folclore... é, né, ... é muito bom.

Fatos assim, que não levam a nada nem ensinam coisa alguma, são observados. Por falta de orientação adequada sobre folclore, sobre pesquisa, acerca de onde e como pesquisar, o estudante comete estes erros. A pesquisa, para ser proveitosa, deve ocorrer em situação natural, em local adequado, jamais numa comemoração.

Finalmente, há que se deixar um apelo aos professores, para que leiam bibliografia de folclore – livros atuais, bons, de autores sérios, para que se tornem menos constantes episódios como o relato a seguir.

É freqüente que, após o mês de agosto, o professor não tenha o que fazer com os trabalhos alusivos a folclore. Na boa intenção de colaborar com o especialista, remete-lhe uma coleção de... cópias de páginas inteiras dos referidos livros, portando o beneplácito do mestre – "Com louvor!", "Parabéns!", e dando oportunidade, inclusive, ao aluno, de perceber que seu professor não lê, não sabe de onde a matéria foi copiada...

Eu me pergunto, não sem certa melancolia: está sendo cumprido o espírito do decreto? É assim que se realça "a importância do folclore na formação cultural do país"?

Seria preferível pedir aos alunos que pesquisassem expressões espontâneas do bairro onde moram, pregões das feiras livres que freqüentam, descrições de suas próprias brincadeiras, apelidos de integrantes de seus grupos informais; manifestações mais próximas, mais intuitivas, por isso mesmo capazes de proporcionar melhor conhecimento entre alunos e professores. Talvez o trabalho se constituísse, desta forma, num primeiro passo – e importantíssimo – para um bom relacionamento lar–escola, porque fundamentado em folclore do próprio aluno.

UMA PALAVRA

O criador da palavra *Folk-lore*, aportuguesada para *Folclore*, foi o arqueólogo inglês William John Thoms. Nasceu em Westminster, a 16 de novembro de 1803. Desde a juventude, dedicou-se ao estudo da bibliografia e das "antiguidades populares". Fundou a revista *Notas e Perguntas* para o intercâmbio de dados de literatura popular, dirigindo-a entre 1849 e 1872. De suas obras, destacam-se *Canções e lendas da França, Espanha, Tartária e Irlanda* e *Canções e lendas da Alemanha*. Faleceu a 15 de agosto de 1885.

Em 1846, William Thoms endereçou carta à revista *The Atheneum*, de Londres, sob o pseudônimo de Ambrose Merton, com a finalidade de pedir apoio para um levantamento de dados sobre usos, tradições, lendas e baladas regionais da Inglaterra. Os principais tópicos da carta, divulgada no número 982 da publicação, a 22 de agosto de 1846, em relação aos primeiros registros da palavra "folclore", são os seguintes:

I – "Suas páginas mostraram amiúde tanto interesse pelo que chamamos, na Inglaterra, de 'antiguidades populares' ou 'literatura popular' (embora seja mais precisamente um saber popular do que uma literatura e que poderia ser com mais propriedade designado com uma boa palavra anglo-saxônica, *folk-lore* – o saber tradicional do povo), que não perdi a esperança de conseguir sua colaboração, na tarefa de recolher as poucas espigas que ainda restam espalhadas no campo no qual os nossos antepassados poderiam ter obtido uma boa colheita."

II – "Tais dados seriam de grande utilidade, não apenas para o inglês estudioso de antiguidades. As relações entre o *folk-lore* da Inglaterra (*lembre-se de que reclamo a honra de haver introduzido a denominação folk-lore, como Disraeli introduziu 'Father-land', na literatura deste país*) e o da Alemanha são tão grandes, que esses dados provavelmente servirão para enriquecer futura edição da Mitologia de Grimm."[1]

---

1 TEXTO ORIGINAL DA CARTA DE THOMS

"Suas páginas mostraram amiúde tanto interesse pelo que chamamos, na Inglaterra, de 'antiguidades populares ou 'literatura popular' (embora seja mais precisamente um saber popular do que uma literatura e que poderia ser com mais propriedade designado com uma boa palavra anglo-saxônica, *folk-lore* – o saber tradicional do povo), que não perdi a esperança de conseguir sua colaboração na tarefa de recolher as poucas espigas espalhadas no campo no qual os nossos antepassados poderiam ter obtido uma boa colheita.

Quem quer que tenha estudado os usos, costumes, cerimônias, crenças, romances, refrãos, superstições etc. dos tempos antigos deve ter chegado a duas conclusões: a primeira, quanto existe de curioso e de interessante nesses assuntos, agora inteiramente perdidos; a segunda, quanto se poderia ainda salvar, com esforços oportunos. O que Hene procurou uma só palavra sua evocaria, do Norte e do Sul, de John O'Grot à Ponta da Terra! Quantos leitores ficariam contentes em manifestar-lhe seu reconhecimento pelas notícias que lhes transmite todas as semanas, enviando algumas recordações dos tempos antigos, uma lembrança de qualquer uso atualmente esquecido, de alguma lenda em desaparecimento, de alguma tradição regional, de algum fragmento de balada.

Tais dados seriam de grande utilidade, não apenas para o inglês estudioso de antiguidades. As relações entre o *folk-lore* da Inglaterra (lembre-se de que reclamo a honra de haver introduzido a denominação *Folk-lore*, como Disraeli introduziu *Father-land*, na literatura deste país) e o da Alemanha são tão grandes, que esses dados provavelmente servirão para enriquecer futura edição da *Mitologia* de Grimm. Deixe-me dar-lhe um exemplo dessas relações: um dos capítulos de Grimm, que trata largamente do papel do cuco na Mitologia Popular – de caráter profético que lhe deu a voz do povo –, cita muitos casos de derivar predições do número de vezes que seu canto é ouvido. E menciona também uma versão popular "Que o cuco não canta antes de se ter fartado três vezes, de cerejas." Fui recentemente informado de um costume que existia outrora em Yorkshire, que ilustra o fato da conexão entre o cuco e a cereja – e isso, também, em seus atributos proféticos. Um amigo me comunicou que crianças em Yorkshire costumavam antigamente (e talvez ainda costumem) cantar uma roda em torno de cerejeiras com a seguinte invocação:

"Cuco cerejeira,
Venha cá e nos diga
Quantos anos teremos de vida."

Cada criança sacudia a árvore e o número de cerejas derrubadas indicava o número de anos de vida futura.

Eu sei que o verso infantil que citei é bem conhecido; a maneira, porém, de aplicá-lo não foi anotada por Hene,·Brande ou Ellis – e é um desses fatos que, insignificantes em si mesmos, têm grande importância quando formam elos de uma grande cadeia – um desses fatos que uma palavra do *Atheneum* recolheria em abundância, para uso de futuros investigadores no interessante ramo das Antiguidades Literárias – nosso *Folk-lore*. AMBROSE MERTON."

Dessa maneira, surgiu a palavra "folklore", formada de dois vocábulos do inglês antigo: *folk*, com a significação de povo; e *lore*, traduzindo estudo, ciência ou, mais propriamente, o que faz o povo sentir, pensar, agir e reagir.

Entretanto, só foi confirmada em 1878, com a fundação da Sociedade de Folclore, em Londres, da qual foi primeiro presidente William John Thoms, e cujo objetivo era "a conservação e a publicação das tradições populares, baladas lendárias, provérbios locais, ditos vulgares, superstições e antigos costumes e demais matérias concernentes a isso". E daí por diante passou a ser adotada por quase todos os estudiosos do mundo.

Os estudos e investigações da matéria a que Thoms deu o título de "folklore" são, no entanto, anteriores ao aparecimento da palavra. A ciência, disse com acerto Ismael Moya, não nasce de uma palavra como Minerva nasceu da cabeça de Júpiter. "A ciência é como um rio, que começa nos trêmulos fios dos mananciais montanheses e que, à medida que avança, se dilata mercê de seus afluentes grandes ou pequenos até se transformar numa corrente majestosa, profunda e avassaladora."

E tal acontece com o folclore, cujos "trêmulos fios" se encontram na mais alta Antiguidade.

OUTROS TÍTULOS

Apesar da larga aceitação do vocábulo "folclore", que acabou substituindo "antiguidades populares", "literatura popular" ou mesmo "antiguidades literárias", têm sido sugeridos e mesmo usados outros termos para designar a matéria. Ingleses e norte-americanos sugeriram *folkways* e ultimamente *folklife*, que procede do sueco *folkliv*; franceses, "tradicionismo", "antropopsicologia", "demopsiquia"; espanhóis, "demosofia", "demopedia", "tradições populares"; italianos, "demopsicologia", "ciência dêmica", "etnografia"; alemães, *volkskunde, volklehere* e *volkerkunde*; portugueses, "etnografia". No Brasil, sem qualquer receptividade, Joaquim Ribeiro sugeriu a expressão "populário". Entretanto, houve alguma aceitação do vocabulário "demopsicologia", cujo emprego pode se constatar nas obras de Amadeu Amaral e de Luiz da Câmara Cascudo.

Muitos desses títulos, pelas suas próprias características etimológicas, delimitam o campo do folclore no domínio do que se denomina cultura espiritual, imaterial, não-material, chegando a classificá-lo como ciência psicológica, no exemplo de "demopsicologia", "antropopsicologia", "demopsiquia". Outros lhe dão característica de estudo de manifestações de um passado, que está por se extinguir. Alguns são anteriores à palavra "folclore", como "etnografia" e *volkskunde*.

"Etnografia" apareceu, em 1807, por sugestão de Camper, com a significação de "descrição de povos". Depois, passou a ser título de uma ciência descritiva, mais interessada em sociedades exóticas ou pré-letradas, e acabou se confundindo com o folclore. Em 1808, L. A. Von Arnim e K. Brentano divulgaram, na Alemanha, a expressão *volkskunde*, com *volks* traduzindo povo, coletividade e *kunde*, estudo, conhecimento.

Em 1839, com a Sociedade de Etnologia de Paris, surgiu o termo "etnologia" como título de uma ciência cujo objetivo era o estudo dos diversos fatores físicos, intelectuais e morais, as línguas e as tradições históricas, que diferenciam raças. A Etnologia passou, então, a ser considerada a ciência teórica e a Etnografia, a ciência prática, auxiliar, ambas com o objetivo de seu estudo voltado para as sociedades pré-letradas e exóticas.

Posteriormente, houve muita confusão no uso das palavras "folclore", "etnologia" e "etnografia". Falou-se em "etnografia dos meios rurais", "folclore de povos primitivos", "etnografia de povos selvagens" ou apenas "semicivilizados", "folclore dos meios populares das nações civilizadas", "etnologia de nossos ameríndios". Essa confusão foi estimulada pelos franceses, que criaram uma Etnologia Francesa para estudar a cultura pré-industrial, considerando-a nas suas manifestações erudita, popularesca e folclórica, e classificando o folclore como uma especialidade de coletor de dados apenas.

Historicamente, a confusão foi desfazendo-se, com a corrente de opinião que situou a Etnologia ou Antropologia Cultural, também chamada Social, como ciência que elabora as leis gerais para o estudo da cultura nos processos de mudança cultural e aculturação, em qualquer sociedade humana, e que tem como ciências descritivas auxiliares a Etnografia, que coleta informações nas sociedades pré-letradas ou exóticas, e o Folclore, nas sociedades letradas. O Folclore, portanto, seria uma divisão de Etnologia ou Antropologia Cultural, se bem que alguns antropólogos restrinjam ainda mais o seu campo para o estudo da literatura, em qualquer sociedade.

O etnólogo, em conseqüência, dependeria do etnógrafo e do folclorista. A estes caberia coletar, elaborar, confrontar o material, a fim de que o etnólogo ou antropologista cultural pudesse "situar e resolver os problemas que esse material lhe apresentasse". Na realidade, porém, diz Herskovits, "nenhum pesquisador inicia o estudo de uma cultura, sem vistas técnicas que lhe sirvam de guia para as notas que registra e lhe forneçam problemas a serem submetidos à prova".

Portanto, o que ocorre é que os etnólogos ou antropólogos culturais estão eles mesmos se desincumbindo da coleta do seu material para estudo e análise, sempre demonstrando maior interesse, particularmente no Brasil, pelas sociedades indígenas, africanas e achados arqueológicos ou observando o processo de aculturação, dinâmica e estrutura na amplitude da expressão *cultura*. E os folcloristas, que hoje, escreve Kenneth S. Goldstein, são trabalhadores de campo, pesquisadores de biblioteca e analistas, tudo ao mesmo tempo, estão preocupados com o estudo de uma determinada manifestação dessa cultura, que o autor denomina cultura espontânea, característica de qualquer homem da sociedade letrada, que existe de maneira informal no condicionamento inconsciente e na imitação.

Em conclusão, o vocábulo "etnografia" vai perdendo muito da sua importância e, no geral, é designado para caracterizar estudos descritivos de cultura, se bem que ainda haja quem considere o folclore um estudo de cultura espiritual e denomine etnografia à cultura material, divisão que cientificamente não tem o menor sentido.

CIÊNCIAS AFINS: TERMINOLOGIA

No quadro das ciências humanas, consideramos o folclore, no enfoque apresentado neste livro, como a mais nova dessas ciências, a qual tem relações estreitas com a Antropologia Cultural (Social ou Etnologia), Sociologia e Etnografia.

A Antropologia Cultural ou Etnografia, como preferem designá-la no Brasil, é a ciência com a qual o folclore possui maiores afinidades. Mas não consideramos o folclore uma de suas divisões, como querem alguns especialistas. Muitos dos conceitos (de Antropologia Cultural) e teorias de interpretação da cultura foram incluídos na teoria de folclore e lhe devemos as melhores informações que possuímos sobre grupos indígenas e africanos, muito importantes para a análise do folclore no processo da aculturação. Também alguns antropólogos, pelo interesse demonstrado em coletar informações sobre manifestações folclóricas, têm oferecido-nos bons documentos que temos utilizado. Mas os objetivos da Antropologia Cultural ou Etnologia são bem diferentes dos nossos: ela estuda cultura de sociedades pré-letradas (principalmente índios, no Brasil), das exóticas, da fase anterior à era industrial ou das reveladas pelos achados arqueológicos, embora hoje se volte também para o estudo da cultura de nossa sociedade como um todo. O folclore não estuda a cultura, mas uma cultura, a espontânea, que coexiste com a cultura erudita, popularesca e de massas, na dinâmica do mundo letrado e que, na base de nossa documentação, julgamos melhor definir e caracterizar o homem.

Estudando a cultura espontânea do homem na sociedade letrada, o folclore também se relaciona com a Sociologia, inclusive se utilizando de sua experiência metodológica e dela se aproximando muito na análise dos *folkways*, definidos pelos sociólogos como maneiras de agir que procedem do passado. Entretanto, a Sociologia, preocupada com o passado, quando se refere a folclore, o analisa como produto da era pré-industrial ou manifestação que tende a desaparecer, propondo as designações estáticas de "homem folk", "grupo folk", "sociedade folk" e até "cultura rústica", "sociedade rústica" ou "cultura caipira", para rotular o processo agônico, que acredita existir na expressão folclórica. Ela não vê o folclore como uma feição cultural espontânea do homem, que tem um passado, um presente e um futuro, tão importante e característica na definição do homem como a cultura erudita, popularesca ou de massas. No seu objeto, que são as associações humanas, sua formação e desintegração, influência delas sobre os indivíduos e as mudanças que nelas se operam, a Sociologia, na verdade, pouco tem a ver com o folclore. De qualquer modo, não poderemos deixar de fazer justiça a alguns sociólogos-antropólogos que através de seus estudos de comunidade nos têm oferecido boa documentação para nossas pesquisas.

Outra ciência do homem que tem relações com o folclore é a Etnografia. Historicamente, aparece como um dos seus títulos ou o título mais usado para designar a cultura material, que inclui coisas tangíveis, objetos ou artefatos. Mas, na realidade, é uma disciplina de características descritivas, que se preocupa em descrever culturas desta ou daquela sociedade. Nessas características, o folclore é também uma ciência etnográfica porque no registro minucioso dos seus complexos e traços culturais espontâneos se acha o fundamento de uma boa coleta de material para estudo. Nas ciências humanas, entretanto, a Etnografia vai perdendo o significado, pois o seu lugar está sendo ocupado pelas disciplinas, que, como o folclore, realizam elas mesmas o registro pormenorizado dos complexos e traços que vão analisar e interpretar.

A História e a Geografia são outras duas ciências, que têm muitas conotações com o folclore, particularmente através de seus métodos. Mas os dados da História Sociocultural e da Geografia Humana são de grande valia para os nossos estudos. Entretanto, a Lingüística, a Medicina, a Zoologia, a Botânica, a Engenharia, o Urbanismo, a Arquitetura, as Artes Plásticas, a Música, a Coreografia e demais disciplinas, que constituem manifestações da cultura erudita, também interessam ao folclore, de acordo com o tema de estudo, podendo-se dizer que em muitas delas existem traços e complexos culturais espontâneos.

Nos seus relatórios científicos, o folclorista deve ter muito cuidado no que se relaciona à correta ou não utilização de determinados termos. Jamais, por exemplo, usar "culto" ou "inculto", porque na base de seu conceito de cultura não há quem seja culto ou inculto; todos os homens possuem cultura. Embora possa empregar o vocábulo "povo", porque também define sociedade culturalmente homogênea, é preferível que o substitua por "sociedade".

"Raça" deve ser apenas empregado nas referências às características físicas, biológicas. "Etnia" ou "Grupo Étnico", ao complexo biológico e cultural do homem, grupo, sociedade. Como não há folclore mais rico ou mais pobre, mais bonito ou feio, nunca utilizar os termos "riqueza" e "beleza", para caracterizar esta ou aquela expressão de folclore.

"Autenticidade", "autêntico", "pureza", "puro" são outras tantas palavras que não possuem qualquer significação para o cientista do folclore; não existe, como infelizmente dizem até alguns folcloristas, folclore mais ou menos autêntico e puro. Se é folclore, tem autenticidade e pureza. "Origem" também é coisa que não deve preocupar-nos, porque a atividade do folclorista, dentro de uma orientação científica, jamais deve se caracterizar pela busca de origens deste ou daquele traço ou complexo cultural espontâneo, mas pela observação, análise e estudo, na aplicação da metodologia folclórica.

Ouve-se, por vezes, menção a expressões como "folclorólogo" e "folclorologia", que constituem sintomas de uma doença, que já foi chamada "terminologite", a qual é caracterizada pela mania de se criar palavras novas. O folclorista deve se livrar dessa doença; o que existe, cientificamente, é folclore e folclorista, e só. As palavras "tradicionalismo" e "tradicionalista", tão ao gosto dos gaúchos dos Centros de Tradição, definem atitude de quem deseja reviver o passado e, portanto, nada têm que ver com o folclore, que objetiva estudo e pesquisa de uma manifestação de cultura, na dinâmica do presente e também na sua história.

Referindo-se a classes de uma sociedade, dar preferência aos conceitos sociológicos de classe alta, classe média e classe baixa ou nomeando-as de acordo com as letras do alfabeto: classe A, classe B, classe C. "Civilização" e "civilizado" também são designações que não devem ser incluídas na linguagem científica porque envolvem conceitos de progresso e refinamento e até o preconceito de se considerar a cidade como o único núcleo gerador de cultura. Considerando que na nossa sociedade, cidade e campo constituem um todo de manifestações e intercâmbio cultural, é aconselhável que a expliquemos na fórmula da linguagem escrita, caracterizando-a como "sociedade letrada", expressão que ainda é melhor do que "civilizada", "histórica" e outras.

"Sobrevivência" e "reminiscência" são termos pouco recomendáveis para serem utilizados no relatório do folclorista. Sobrevivência quer dizer o que foi conservado, o que sobreviveu no desaparecimento de uma cultura, e jamais constitui objeto do estudo do folclore, que para o folclorista está vivo ou já é história. Aliás, a sobrevivência na realidade não existe como manifestação cultural, porque se os complexos e traços podem ser observados é por possuírem função e vida, independentemente de haverem pertencido historicamente a outras sociedades. Se sugerimos que não se use "sobrevivência", pelas razões expostas, jamais devemos incluir em nossos textos a palavra "reminiscência", porque não há folclore que seja recordação ou lembrança; ele, repetimos, pode ser folclore de hoje ou história. Julieta de Andrade, com respeito ao uso e abuso de determinadas expressões, refere-se ao "ainda" – "ainda existe", "ainda há", "ainda sobrevive" –, o que denota, na sua opinião, o que é certo, um amadorismo saudosista, pois que se a manifestação de folclore está sendo observada e estudada é porque existe, a não ser que se esteja fazendo história do folclore e, então, comprove-se que ela já existiu. Da mesma maneira, é errada a afirmação de que se deve "coletar antes que acabe"; ao folclorista não cabe fazer previsões sobre a morte de expressões de cultura espontânea. A moderna ciência do folclore também já não admite como característica do folclore o anônimo, o tradicional e a transmissão oral: hoje, sabemos, com base em nossas pesquisas e documentação, que certas manifestações têm autor conhecido, outras são transmitidas pela linguagem escrita e até impressa, e outras mais independem da tradição, na característica da passagem de uma geração para outra. O que as define é a aceitação coletiva espontânea; constatada essa aceitação, está comprovado o folclore. Também o folclorista deve dar preferência ao uso do termo "popularesco" ou "popularesca", em vez de "popular", nas locuções "cultura popular", "arte popular", "música popular"*.

A ciência folclórica considerou como objeto de seu estudo o fenômeno ou fato folclórico, cujas características foram fixadas, no decorrer de sua história, por numerosos folcloristas. A realidade da pesquisa de campo, porém, nos fez constatar que fenômeno ou fato são vocábulos muito simplistas para englobar linguagem, literatura, superstições e crendices, rodas e jogos etc., e, em conseqüência, fomos buscar na antropologia cultural a denominação "complexo cul-

---

* Convém lembrar, mais uma vez, que após a releitura da Carta do Folclore Brasileiro, já mencionada, os termos "popular" e "folclore" se equivalem. Na época em que esta obra foi escrita, o fato ainda não havia ocorrido, o que justifica a posição do autor.

tural", adicionando-lhe o "espontâneo", e passamos a utilizar a fórmula "complexo cultural espontâneo" em nossa linguagem científica. A casa, com acessórios caseiros e utensílios domésticos, a indumentária, a agricultura, a pecuária, as atividades extrativas, a religião, a música, a festa, estudadas no folclore, constituem verdadeiros complexos culturais espontâneos, nos quais se podem identificar traços culturais espontâneos que os compõem e em cujas relações de conjunto os definem, se bem que os próprios traços possam constituir-se em complexos culturais na relatividade de suas conexões. Se tomamos uma forma de linguagem, de poesia, de artesanato, elas podem ser analisadas também como um complexo cultural espontâneo em relação a outros componentes: a palavra, a prosódia, a sintaxe; o verso, a rima, a estrofe; o barro, a técnica, a forma e as decorações. Na realidade, porém, usamos a locução "complexo cultural espontâneo" no contexto maior das referências em que classificamos o folclore, chamando a atenção do pesquisador para partir da análise do folclore brasileiro nos termos dessa classificação e na aplicação da metodologia folclórica.

Essa metodologia leva o estudioso a analisar os complexos culturais espontâneos, principalmente, no critério histórico-comparativo, geográfico, sociológico, funcional e de aculturação. O funcional é sobremaneira importante para a classificação: a casa, enquanto é feita e acabada, constitui expressão de técnica artesanal e classifica-se como artesanato; ela é classificada como casa quando já se transformou em moradia, com acessórios caseiros e utensílios domésticos. A indumentária também é artesanato se foi produzida para a venda, e é indumentária propriamente dita ao ser usada. A imagem do santo pode ser arte na casa do artista ou de alguém que a tem nas suas características decorativas; é manifestação de religião ao integrar um contexto religioso.

Todo o folclore é um ser e um vir-a-ser e, portanto, se acha em processo de mudança, o que na existência humana constitui-se em ato constante. Por isso o chamamos dinâmico, claro, porque é funcional para o grupo social ou coletividade em que é observado. A dinâmica cultural espontânea, folclórica, como a dinâmica cultural no sentido amplo, é a mudança que se traduz através de diferentes processos. Entre eles, o sincretismo ou reinterpretação, que é a nova interpretação que se dá a complexos ou traços culturais espontâneos, antigos ou recentemente emprestados, e que revelam nas suas características elementos originais; difusão ou transmissão, que é a propagação por diversos grupos ou coletividades do complexo ou traços culturais espontâneos, como conseqüência da aculturação; e o paralelismo, que compreende o encontro de complexos e traços culturais espontâneos semelhantes em culturas diferentes, resultantes de princípios, necessidades, curiosidades, invenções idênticas e não de contatos.

CONCEITO

O folclore estuda cultura, que definimos como manifestação do sentir, pensar, agir e reagir do homem de uma sociedade. Há sociólogos e antropólogos, entretanto, que preferem adotar a definição de Edward Tylor (1881): aquele todo complexo que compreende conhecimento, crença, arte, moral, direito, costumes e outras capacidades adquiridas pelo homem na sociedade. Herskovits também o explica como a parte do ambiente feita pelo homem; Ralph Linton, como a soma de conhecimento, atitudes e padrões habituais, partilhados e transmitidos pelos membros de determinada sociedade. A cultura, sublinha Herskovits, é aprendida e permite ao homem adaptar-se ao seu ambiente natural. Na base desses conceitos, todas as sociedades, tanto as pré-letradas como as letradas, possuem cultura.

Em nosso entender, a cultura, poder-se-ia dizer, existe na comunicação e, portanto, falar-se em comunicação folclórica, como querem alguns, parece-nos redundância. A cultura, a nosso ver, manifesta-se em duas modalidades. Uma procede do ensinamento direto, ministrado através das organizações intelectuais – universidades, academias, escolas, igrejas, imprensa, cinema etc. –, e denomina-se cultura erudita. Outra é aprendida de maneira informal, na vivência do homem com seu semelhante, do nascimento à morte, e chama-se cultura espontânea. Pela ação dessas modalidades surgem as culturas comerciais, de consumo: a popularesca, comumente chamada popular, e a cultura de massas, produzida pelas grandes e complexas empresas.

Não acreditamos na possibilidade de se chegar a melhor entendimento do homem da sociedade letrada e, no caso particular, do homem brasileiro através da análise do seu contexto de cultura erudita, popularesca ou de massas. Nos nossos quarenta anos de estudo e trabalho de campo, no domínio do folclore, constatamos a existência de uma outra cultura, que melhor explica cada um de nós na vivência da família, sítio, fazenda, bairro, cidade, região e país, com alguns universais de cultura e outras expressões resultantes do difusionismo e do paralelismo cultural. É uma cultura informal, que recebemos, aceitamos e difundimos, dentro de um mecanismo bem diferente do que ocorre com as culturas dirigidas: erudita, popularesca e de massas. Por isso, a denominamos "cultura espontânea"; ela é espontânea no seu condicionamento inconsciente de sermos levados a fazer, no processo de imitação do fazermos imitando o que os outros fazem e da aceitação coletiva, em que se observa a liberdade de aceitar e de recusar.

A cultura espontânea pode ser observada em todos nós, tomando-se o cuidado de verificá-la fora da ação direta da comunicação dirigida, nas suas características de condicionamento inconsciente, da imitação e da aceitação coletiva espontânea, que constitui sua característica marcante. Coexistindo com a cultura erudita, popularesca e de massas, ela pode sofrer sua ação indireta, desde que cessada a fonte que aciona a comunicação dessas culturas ou de que dela se distancie no espaço e no tempo. Portanto, a cultura espontânea, em cujo contexto existe a criatividade ou inventiva humana, sempre na dependência da aceitação coletiva, na qual espontaneamente poderá se aceitar ou não aceitar, apresenta também manifestações que podem haver pertencido à cultura erudita e mesmo à cultura popularesca e de massas.

Essa cultura espontânea, em nosso entender, é o objetivo do folclore, que definimos como ciência sociocultural que estuda a cultura espontânea do homem da sociedade letrada. Ciência do homem, uma das ciências humanas, que se propõe a investigar determinada cultura do homem de nossa sociedade utilizando uma metodologia eclética, na qual se inclui, principalmente, o enfoque geográfico, histórico-comparativo, sociológico, funcionalista e de aculturação.

Explicando o folclore como o estudo da cultura espontânea, nas características anteriormente esclarecidas, desenvolvemos uma proposta de trabalho para alunos que resolvemos denominar folclore do dia-a-dia ou do cotidiano. Para isso, nossa orientação é no sentido de mostrar, com base em documentação, que cada um de nós, que vive em sociedade letrada, possui na sua manifestação de cultura aspectos resultantes da atividade direta de instituições, que se dedicam à difusão da cultura erudita, da popularesca (chamada popular) e de massas. Mas também uma outra que, espontaneamente, é produzida, aceita e transmitida, com anuência coletiva espontânea, de um para outro membro do grupo social ou coletividade, podendo, por vezes, ser definida e caracterizada apenas pela aceitação coletiva espontânea, o que quer dizer que não existe como conseqüência da intervenção direta das culturas dirigidas.

A seguir, sugerimo-lhes que experimentem fazer essa verificação, começando com uma história sociocultural da vida deles mesmos, com destaque para as manifestações de folclore, reveladas também na vivência de avós, pais, parentes, colegas, empregados, acrescidas de explicações relacionadas à nacionalidade, profissão, posição social, lugares em que viveram etc. Depois, aconselhamos a observarem, num período estabelecido, o que há de folclore nos grupos com os quais tiverem contato, durante os passeios ou nas viagens de férias. Aliás, um aspecto desse trabalho que também consideramos importante é o relacionado ao relatório de viagem, no qual devem ser incluídas as observações de folclore. No todo, esse trabalho é denominado Relatório do Folclore Dia-a-dia.

Referida atividade dos alunos da Escola de Folclore (1970-1987) ofereceu-nos documentação para melhor conhecimento do homem brasileiro, na sua vivência atual, por vezes ligada a um passado e, por outras, na expressão da criatividade espontânea e correspondente aceitação coletiva espontânea no mundo de hoje. E ainda a entendermos melhor o folclore, na aculturação, nos universais, na difusão, no paralelismo, como disciplina que contribuirá para melhor relacionamento entre os homens. Concluímos também que a tecnologia erudita e a cultura de massas jamais o destruirão, como julgam os afoitos, porque, na base de nossa documentação, comprovamos sempre que ele é uma expressão do homem.

Para exemplificar, apresentamos, em seqüência, alguns dados de relatório de alunos, que freqüentaram a Escola de Folclore. Entre estes, escolhemos, inicialmente, o de Inga Wiedmann, alemã de Schwabach, Bavária, que residiu três anos em São José dos Campos, São Paulo, e que mora em Berlim. Diz que hesitou em escrever o relatório, com medo de repetir tudo o que já havia sido divulgado na Alemanha sobre o assunto. Quando começou, porém, passou a descobrir todo dia mais um pedacinho de folclore, que faz parte de sua vida. Seu relatório, mais na base de história de vida, apresenta informações sobre comidas e bebidas da sua região alemã. O pão de centeio, assado em forno de barro sobre a brasa de carvão, é muito importante. Há a "lingüiça com música", molhada em vinagre e coberta com anéis de cebola fresca. Os breie, de fácil preparação, são muito parecidos aos mingaus brasileiros: aveia, sêmola ou farinha de trigo e leite, temperados com açúcar, cravo e canela. O cheiro dos bolos de farinha de trigo, com levedura, formando tranças ou coroas, mistura-se, aos sábados, com o cheiro das ceras de assoalhos. A banha de ganso de Natal é conservada para ser comida com pão de centeio e sal. Em casa, fazem licores de ameixa, peras, marmelo, groselha, ovos. No Natal, vendem-se figurinhas feitas de ameixas secas, sob um esqueleto de fio metálico, vestidas como limpa-chaminés, cozinheiro ou fazendeiro. Antes das festividades natalinas, mulheres e padeiros fazem pão de mel, que, colocados em fôrmas de lata, tomam o aspecto de cavaleiros, charretes, automóveis, estrelas, corações. O cordeiro da Páscoa também é assado em molde e é feito com clara de ovo e açúcar. Depois de pronto, recebe uma fita vermelha. Recorda os grupos peditórios de Reis, em que três crianças vestem-se de Reis Magos, levam bastão com estrela de madeira ou papel e visitam restaurantes, bares, solicitando bolacha, bebidas, dinheiro. Na quinta-feira santa deve-se comer ovos e espinafre para prevenir enfermidades o ano todo. Lembra a festa de Pentecostes, na qual costumam adornar um boi com fitas, flores e galhos verdes, fazendo-o desfilar. A do carnaval do Reno, com príncipes e princesas eleitos em cada cidade e o cortejo. Refere-se às danças do mastro de ciclo de maio e de uma outra, a Schuhplattler, do sul da Bavária, que apresenta sapateado e palmeado nos intervalos de uma cantiga, como o cateretê ou catira de São Paulo, Minas Gerais, Goiás, Mato Grosso.

Outro relatório que merece ser destacado é o de Manoel José Cardoso, professor de português, em São Paulo, e natural de Nossa Senhora das Dores, no Estado de Sergipe. Conta sobre sua vivência nessa cidade, abordando diferentes complexos culturais espontâneos. Na mesa, o prato sempre desejado e esperado é o frito-de-maturi, castanha de caju verde, temperado à parte ou com galinha. O grupo de recomenda, encomenda ou reza de almas lá se chama "dos alimentadores" e é comum fazer oração no cemitério, em cruzes e na frente das casas, no período da Quaresma. No "dia da hora", Corpus Christi, costumam adornar a fachada das casas com galhos de um arbusto denominado camarão, que permanecem presos nos caixilhos das portas e janelas até secarem. Também, nesse dia, costumam espantar as moscas, dizendo: "Xô, mosca, vá pras casas dos amancebados, dos casados no civil: xô, mosca." No domínio das fórmulas imitativas de linguagem, recorda a perdiz, designada nhampupê, cantando o macho: "Mané, planta mio!", e respondendo a fêmea: "Felipe, corre meu fio!" Explicam essas fórmulas pelo fato de que a nhampupê é uma terrível arrancadeira de milho recentemente plantado. O tico-tico, chamado "dicuri-seu-Chico", canta

"Jesus, meu Deus, Deus, Deus, Deus", e por isso o chamam de "Jesus-meu-Deus". O sanhaçu, quando está comendo fruta, costuma cantar: "quem quis, quis, quem não quis, não quis; quando chegar está tudo oco". O relincho do jegue tem a seguinte fórmula imitativa: "a, é, i, ó, u, pissilone, pissilone, pissilone". Não foram esquecidos os sinos da igreja de Nossa Senhora das Dores. Há dois sinos: um, mais grave, toca *dão* e outro, agudo, *dim*. Quando soam juntos é o *dlem*. Vejam a fórmula do domingo ou dia de festa: "dim, dão, dim, dão, dim, dão, dim, dãodãodão"; missa de finados: "dim, dim, dimdim, dim, dim, dimdim, dlem, dão, dãodão, dlem, dim, dim".

Liliana Gambini Ribeiro fez um relatório, com base em sua vivência familiar, na qual se observa aculturação italiana, em que predomina a figura da avó paterna. Quando menina, era levada à benzedeira da rua Albuquerque Lins, em São Paulo, onde residia. Os travesseiros e almofadas da casa da avó eram cheios de paina. Nos dias de chuva, fazia o Nodo di Giotto. Também brincava de fazer figurações com barbante nas mãos. Jogava baralho: bisca ou burro. Gostava de jogar bola na parede. Quando o pai demorava a chegar, corria atrás da porta e chamava-o três vezes. Assim chegaria logo. Quando as aves ou passarinhos adoeciam, a avó tirava-lhes a pena-chupão e eles saravam. Havia papel nas prateleiras do guarda-comida, à guisa de toalha, todo recortado. Os *tagliarini* feitos em casa eram dependurados, em cabos de vassoura, apoiados em duas cadeiras, para secar. Refere-se ao ritual da polenta, que deve ser feita em panela de ferro, mexida com colher de pau etc. A comida de Páscoa em *tortelli alla parmigiana*, recheados com acelga e ricota, ao molho de manteiga e queijo parmesão. Ou então o *risotto alla milanese*, com açafrão, vinho e queijo. No Natal, a mesa era posta para a ceia na véspera e só desmanchada no dia 26 pela manhã. Quando criança, colocava um feixinho de capim e um amarrado de varinhas na porta do quarto ou da janela para o burrinho da Befana, e ela, em troca, deixava um presente. Assim comemorava o 6 de janeiro; a Befana, segundo lhe contavam, era uma velhinha com lenço na cabeça, que vinha montada num cavalo. Entre suas atividades, destaca a de caçadora de rãs nos brejos da represa de Guarapiranga, em São Paulo, com lanterna, fisga e fieira. Observa também o folclore de sua filha, que faz bolhas de sabão, brinca de amarelinha e pegador, adora virar cambota, jogar pedrinha com saquinhos cheios de arroz etc.

A pesquisa do folclore, para a elaboração do relatório do folclore do dia-a-dia ou do cotidiano, no qual se inclui a história sociocultural de vida, concorre para que o aluno se conheça melhor e valorize as suas expressões de cultura espontânea.

Afinal, a pesquisa do folclore do dia-a-dia leva-nos ao encontro do folclore de outras sociedades e culturas diferentes, que contribuíram ou contribuem na dinâmica cultural espontânea, para definir e redefinir o folclore do Brasil. Confirma e comprova as coincidências e semelhanças entre esses folclores e o brasileiro, na vivência dos alunos, a mostrar como estão errados aqueles que vêem apenas um Brasil português, índio e africano.

A PESQUISA

Pesquisa é a observação controlada, sistemática, que tem início com a coleta de dados. Esta coleta pode ser feita através de fontes documentárias, livros, revistas, jornais ou registros manuscritos, pintura, desenho, escultura, e com a observação direta do folclorista no campo da pesquisa, tendo a colaboração do aparelhamento eletrônico.

Para o seu estudo, o folclorista pesquisador pode utilizar apenas fontes documentárias, principalmente para levantar dados do folclore histórico. A propósito, toma a obra de um escritor ou historiador e até de um poeta, coletando o que ela contém de folclore. No trabalho *O folclore da obra de escritores paulistas*, foi o que fizemos na base de mera coleta de dados, para esclarecimentos de vários aspectos do folclore paulista.

Analisando as artes plásticas, o folclorista pode, inclusive, receber uma porção de informações de folclore, que muitas vezes não se acham documentadas nas fontes escritas. Tomemos, como exemplo, gestos gregos antigos registrados em baixos-relevos. Podemos compará-los a alguns aspectos dos gestos espontâneos encontrados na cultura brasileira. Estes gestos podem ser analisados nos desenhos de Debret e Ruggendas, em quadros de Almeida Júnior e do primitivista Valdomiro de Deus.

A observação direta capacita o folclorista a observar, ele próprio, o traço ou complexo cultural espontâneo que vai documentar para posterior análise e estudo. É o que se denomina pesquisa de campo, na qual é aconselhável a delimitação do campo de ação, tanto no tempo como no espaço. Escolhe-se o grupo social ou a coletividade que vai ser observada, no seu folclore, e se faz a observação e coleta, durante o período contínuo de tempo necessário, para podermos realizar boa documentação.

A teoria de pesquisa sugere que se deva, antes de entrar em ação, reunir informações, a fim de que se descubra um papel e uma posição que nos deixem à vontade na coletividade ou grupo social a ser estudado e vice-versa. Estas informações poderão nos indicar se devemos ou não revelar, desde o início, as intenções de pesquisa, tomar notas ou fazer gravações abertamente ou adotar um pretexto – trabalho, férias, turismo – para justificação de nossa presença no grupo ou coletividade. Quando não forem possíveis estas informações, acrescentam os teóricos, deve iniciar-se a pesquisa com uma fase informal, sem anotação ostensiva, até que a coletividade se acostume com a presença do pesquisador.

Nossa experiência na pesquisa de folclore vem comprovando que estas sugestões teóricas são úteis e aplicáveis se vamos estudar manifestações de cultura relativas a linguagem, gestos, usos e costumes, que a coletividade não gostaria que fossem revelados. De um modo geral, porém, o folclorista pode e deve se apresentar como quem pesquisa e estuda, com o desejo de divulgar e valorizar a cultura da coletividade.

Para bem poder realizar a observação e a coleta, é importante que o pesquisador se transforme em um observador participante, isto é, que se integre ao meio onde vai estudar o folclore. Muito útil, registra Édison Carneiro, será a pesquisa se, através de sua atitude respeitosa e cordial, o observador chegar a ser considerado pessoa de casa, a quem todos, voluntariamente, prestem informações ou confidências. Em nossos quarenta anos de atividade de campo, em folclore, sempre nos preocupamos com essa integração na qualidade de observador participante, conservando sempre uma posição de professor que pesquisa e estuda. As informações constantes em nossas pesquisas foram todas coletadas por um observador participante professor, com os melhores resultados.

A pesquisa deve ser sempre considerada um processo de aprendizagem. Ela é quem vai revelar os dados que o folclorista precisa para seu trabalho e em conseqüência sua atitude no campo da pesquisa deve ser a de um aprendiz, sem jamais deixar de ser o pesquisador. Colocando-se na posição modesta de quem deseja aprender, terá facilidades para se aproximar dos melhores informantes, aqueles que sabem mais, o que só o tempo se incumbirá de lhe apontar. Não é possível, portanto, realizar pesquisa em horas ou em dois ou três dias, como infelizmente ainda fazem por este Brasil.

Exigimos do pesquisador de folclore as qualidades de paciência, perseverança, honestidade, atenção e discrição. Em primeiro lugar, porque nem sempre o aspecto do folclore, no qual estamos interessados, ocorre quando desejamos ou esperamos; não poucas vezes, é ocasional, e forçarmos sua realização é anticientífico. Também pelo fato de que devemos insistir em nossos propósitos, jamais desistindo apenas porque, na ocasião, as coisas deixaram de ocorrer como esperávamos. Infelizmente, há os inventores de folclore e, por isso, consideramos fundamental na atitude do pesquisador a honestidade. Ele só deve anotar o que vê e ouve e coletar as peças que realmente possuam valor folclórico. A atenção é outra qualidade que não se pode dispensar, porque dela vai depender a fidelidade das anotações e registros. E, finalmente, considere-se a discrição, porque na pesquisa o que vai interessar são as opiniões e atitudes dos pesquisados em relação aos complexos e traços culturais espontâneos e jamais as do folclorista.

De acordo com as possibilidades e necessidades, deve dar-se sempre uma preferência à pesquisa de equipe. A respeito dessa pesquisa, Mário de Andrade dizia que nela se estabelece um policiamento natural, até mesmo uma espécie de rivalidade, que são utilíssimos. "Um recolhedor controla o outro e está sempre lhe cortando as asas por demais voláteis da interpretação ou da franca escamoteação da verdade." Entretanto, como a formação de equipe encarece muito a pesquisa, de modo geral, as pesquisas estão se processando individualmente, com o folclorista cuidando de escolher auxiliares e informantes para realizar o seu trabalho.

No campo da pesquisa, os primeiros cuidados devem se referir à coleta, que se processará com o folclorista registrando traços e complexos culturais espontâneos como se apresentam diante dele. As manifestações da linguagem, literatura e música serão documentadas com a maior integridade verbal, melódica, rítmica. Não poderão ser reconstruídas ou nada o pesquisador lhes acrescentará, no caso de se acharem fragmentadas. Infelizmente, a fidelidade da pronúncia no documento coletado não tem sido devidamente considerada pelos folcloristas brasileiros nos seus trabalhos sobre linguagem e literatura. Quanto à música, já existe razoável documentação registrada por bons especialistas em folclore musical.

Os traços e complexos culturais espontâneos devem ser documentados com certas informações, sem as quais a coleta perde o valor de estudo. Entre as informações, sugerimos as seguintes: nome do todo e diferentes aspectos ou partes; menção ao material com o qual foi produzido, quando analisamos artes plásticas e artesanato; referência à época da documentação e história do traço ou complexo, segundo o informante; biografia do informante.

Nenhuma pesquisa deve ser iniciada sem um planejamento. Este tem início com a escolha do que vamos estudar, que pode ser uma forma de linguagem, gestos, pesos e medidas, medicina, agricultura, caça, pesca etc., ou diferentes aspectos do folclore. Esse estudo deve ter em vista a aplicação do método eclético do folclore, que tem seu fundamento no geográfico, histórico-comparativo, sociológico, funcional e de aculturação, podendo-se aplicar subseqüentemente outros métodos. Escolhido o complexo ou traço, o folclorista vai estabelecer o campo onde desenvolverá a pesquisa, o qual poderá ser uma família, sítio, bairro, fazenda, cidade, região etc. É importante também que o pesquisador comece a trabalhar no levantamento bibliográfico e de fontes documentárias escritas para buscar esclarecimento sobre o campo da pesquisa e do próprio objetivo de sua investigação.

O último passo da pesquisa é a elaboração do relatório. Este deve ser redigido em linguagem simples, sem afetação, dando-se referência aos períodos curtos, que sempre dão maior clareza ao relatório. O título será conciso e não prometerá ao leitor, como lembra Oracy Nogueira, mais do que o trabalho contém e nunca dará impressão de que o autor atribui importância exagerada ao seu estudo. No relatório, fazer constar a geografia do lugar estudado, com respectivo mapa, sua história sociocultural, e partir para análise histórica comparada do objeto da pesquisa. A seguir, proceder à análise sociológica relativa às classes sociais, com menção às profissões predominantes e a verificação da função do aspecto estudado, considerando-a também historicamente. Para terminar a abordagem básica, observá-la no contexto da aculturação, não deixando de verificar as suas características no difusionismo, paralelismo cultural e universais da cultura, de acordo com a bibliografia e documentação. Esta deve evitar o erro da omissão como o da inclusão de trabalho que nada tem que ver com o tema estudado.

No relatório devem ser considerados a introdução, a exposição e a discussão, além do resumo. Na introdução, o folclorista pode considerar as razões de haver escolhido o tema e de como se desenvolveu a pesquisa, assim como quais as suas pretensões com o trabalho. Na exposição, apresenta os dados levantados, sem se perder em pormenores ou descrições desnecessárias ou ainda justapondo teorias que não nos levam a nada em termos de ciência do folclore. Na discussão, mostra os resultados a que chegou em matéria de conhecimento folclórico, com a possibilidade, se houver outros trabalhos sobre o tema, de comparar os seus resultados com o de outros especialistas. No resumo, fazer uma síntese dos seus principais aspectos para facilitar a consulta. Em anexo, podem ser incluídos mapas, desenhos, esquemas explicativos, fotografias etc.

QUESTIONÁRIO E ENTREVISTA

Para levantar grande massa de informações e também receber indicações para pesquisas, o folclorista pode usar o questionário. Ele compreende uma série de perguntas, enviadas aos informantes para que sejam respondidas sem a sua assistência direta. Para organizá-lo, deve-se obedecer às seguintes regras:

1º – não fazer perguntas minuciosas;
2º – não fazer perguntas longas;
3º – fazer o menor número possível de perguntas;
4º – evitar as perguntas que sugiram a resposta;
5º – fazer perguntas fáceis de serem entendidas;
6º – instruir o informante sobre como deve respondê-las.

Dentro dessa orientação, vejam exemplo de questionário sobre festas, aplicado no Estado de São Paulo:

Festas do Estado de São Paulo
1 – Quais as festas mais importantes da cidade e arredores?
....
....

2 – Quais as festas que se realizam em data fixa e qual a duração?
....
....

3 – Quais as festas que se realizam em data variável e qual a duração?
....
....

4 – Quais as festas desaparecidas?
....
....

5 – Por que não se realizam mais?
....
....

6 – Quais as festas em que é costume imprimir programas?
....
....

Nome do informante ....
Endereço..................

Instruções

No espaço da primeira pergunta, o informante deve mencionar as principais festas da cidade, para depois enumerar as dos arredores, colocando o nome dos arredores entre parênteses, como por exemplo: festa de Santa Catarina (Vila Sapucaia); no segundo espaço, dará o nome da festa, os dias e o mês em que se realiza, como por exemplo: festa do Divino (de 18 a 25 de dezembro); no terceiro espaço, dará o nome da festa, o número de dias e os meses em que geralmente é realizada, como, por exemplo: festa de São Roque (oito dias, em geral nos meses de maio e junho); no quarto e quinto espaços, enumerará as festas que não são mais realizadas e o foram outrora; no sexto espaço, indicará as festas em que se costumam imprimir programas para distribuição entre o povo.

É favor enviar programas, folhetos e livros referentes às festas ou pelo menos dizer como e onde poderemos adquiri-los.

Este questionário foi enviado a prefeitos e diretores de grupos escolares, acompanhado de carta pessoal, com envelope selado para a resposta, contendo pedido claro e incisivo, de maneira a despertar nos que o receberam o desejo de cooperar no levantamento de dados. Quando demorava a resposta, tratava-se de remeter outro e mais outro questionário, sempre acompanhado da carta pessoal, reiterando o pedido. Como é normal, muitos questionários ficaram sem resposta; mas acabamos levantando razoável material sobre o tema.

Já em 1950, soubemos da existência das danças batuque, cana-verde, cururu, dança de Santa Cruz, dança de São Gonçalo, fandango, jongo, samba-de-lenço, samba-de-bumbo (pirapora ou campineiro) e de manifestações folclóricas de características teatrais como o caiapó, congada e moçambique, em numerosas regiões do Estado de São Paulo, graças ao emprego de questionário. Voltamos a aplicá-lo, em 1954, para levantar informações relativas a arte e artesanato, festas, danças e expressões de teatro, como os folguedos populares, com a finalidade de prepararmos a exposição e o festival do IV Centenário da Cidade de São Paulo.

Afinal, ainda em 1972, voltamos a usá-lo com nossos alunos, objetivando coletar dados sobre festas cíclicas (Carnaval, Semana Santa, festa de Maio, São João, Natal), festas de data fixa (Santos Reis – 6 de janeiro; São Sebastião – 20 de janeiro; São José – 19 de março; São Jorge – 23 de abril; Bom Jesus – 6 de agosto), festas de data variável (Divino, São Benedito, Nossa Senhora do Rosário), religião (romarias, procissões, salas de milagres) e até danças, teatro, arte e artesanato, comidas e bebidas. O questionário sobre esses temas foi enviando a 574 cidades paulistas, oferecendo-nos, principalmente, boas indicações para pesquisa.

Nos diferentes questionários que aplicamos, desde os tempos do Centro de Pesquisas Folclóricas "Mário de Andrade", concluímos que, em folclore, o questionário tem muita importância por nos oferecer indicações de pesquisas, e com esse objetivo é que deve ser usado pelo folclorista. É muito perigoso tomar por base a grande massa de informações do questionário, para elaborarmos um relatório científico sobre a existência destes ou daqueles complexos e traços culturais espontâneos em determinada região. Sua aplicação deve ser sempre acompanhada de um acentuado critério crítico.

A entrevista é o principal instrumento de trabalho do pesquisador das ciências socioculturais. Ela permite que se obtenha informações fazendo o próprio pesquisador perguntas diretas a informantes previamente escolhidos. Há regras de preparação e execução da entrevista: *de preparação* – 1º) estudar e escrever as perguntas com antecedência; 2º) elaborar perguntas claras, precisas e de fácil compreensão; 3º) fazer apenas as perguntas necessárias; *de execução* – 1º) escolher o entrevistado entre os que melhor podem lhe dar os esclarecimentos de que necessita; 2º) conquistar sua simpatia e confiança, esclarecendo-o por que foi escolhido para ser entrevistado; 3º) valorizá-lo, tomando a atitude de quem deseja aprender, mesmo se apresentando como pesquisador ou professor; 4º) ao fazer a pergunta, deixar que a responda livremente, sem interrompê-lo; 5º) quando fizer a pergunta, tomar cuidado para não sugerir a resposta.

No campo da pesquisa, o folclorista não deve se satisfazer com um pequeno número de entrevistas. De acordo com as informações que precisa, esse número será determinado por ele mesmo, de modo razoável. Quanto maior for a variabilidade das informações que necessita, maior será o número de entrevistas a preparar.

A entrevista deve ser sempre orientada pelo formulário ou formulários que foram preparados com antecedência e os quais compreendem uma série de perguntas ou questões a serem respondidas ou esclarecidas pelos informantes que consideramos melhores.

O formulário é preparado com base da bibliografia existente, brasileira ou estrangeira, a fim de se estabelecer boa orientação às perguntas ou questões. Nunca, porém, devemos considerá-lo axiomático, pois, para o bom resultado da entrevista, ele muitas vezes pode e deve ser modificado e alterado, no decurso da pesquisa.

Aqui vamos dar exemplos de formulários elaborados para orientação de observação e entrevistas a serem feitas por alunos.

Música vocal

1 – Nome particular no lugar que está sendo investigada.

2 – Há quanto tempo, como e onde conheceu o cantador.

3 – Como se denominam as vozes (tipo, contralto etc.).

4 – Se foi criada pelo cantador ou é mera adaptação de canto conhecido.

5 – Se é solista ou realizada por voz principal, com acompanhamento de uma outra ou mesmo outras, nota por nota.

6 – Se é coral executada em uníssono ou a várias vozes, nota por nota ou com melodias diversas, por quantas pessoas.

7 – Quem determina e como é determinado o princípio e o encerramento.

8 – Seu andamento de acordo com metrônomo e os seus sons fixos, segundo o diapasão.

9 – Assunto da poesia que a acompanha e o que expressam as palavras mais raramente usadas ou desconhecidas do pesquisador.

10 – Como os versos são adaptados à melodia e se cada sílaba corresponde a uma nota ou a várias notas.

11 – Estrutura da poesia, dos versos e como são feitas as rimas, caso existam (exemplo: quadrinhas, versos setissilábicos, rimas alternadas, fixas ou não).

12 – O que é mais importante, a melodia ou o texto literário, isto é, a poesia.

13 – Se a música é religiosa, o que a caracteriza, as palavras ou a melodia.
14 – Pequena biografia do cantador.

Música instrumental

1 – Número de instrumentos e dimensões.

2 – Da razão de dois ou mais instrumentos da mesma espécie serem construídos de forma e dimensões diferentes.

3 – Se antigamente havia outros instrumentos, quais eram e por que não se usam mais.

4 – Se os instrumentos possuem nomes próprios de coisas ou pessoas (*Sete-léguas, Ferrabrás* etc.).

5 – Se há instrumentos sagrados e se estes passaram por alguma cerimônia religiosa, como o batismo, e se podem ser executados por qualquer pessoa.

6 – Se há instrumentos raros ou desconhecidos: como vieram para os agrupamentos, se existem em outro lugar.

7 – Para a execução, como são organizados os instrumentos (as violas, na frente; tambores, atrás etc.).

8 – Se os instrumentos são feitos pelas pessoas do grupo, foram adquiridos de artesãos ou em casas comerciais.

Particularidades dos instrumentos

I – Membranofones e idiofones (caixas, reco-reco etc.):

1 – Nome do instrumento e de cada uma de suas partes (aro, pele, barriga etc.).

2 – Material usado na feitura e se pode ser usado outro material.

3 – Como é feito e se é possível fazê-lo de outra maneira.

4 – Como é executado, sua função e importância no grupo.

5 – Posição do instrumento e do instrumentista no momento da execução.

6 – Quanto tempo o executante levou para aprender a tocar corretamente o instrumento, toques que conhece e seus respectivos nomes.

7 – Se o executante toca outros instrumentos e quais.
8 – Se costuma "afinar" o instrumento e o que faz para "afiná-lo" (ex.: tambor, colocá-lo ao pé do fogo).
9 – Se o instrumento é pintado para ficar mais bonito, vedar a saída do ar, conservar a madeira, ou por motivos religiosos.
10 – Significação das diferentes cores na pintura do instrumento.
11 – Biografia dos instrumentistas, em síntese.

II – Cordofones (violas, rabecas etc.):
1 – Verificar as sete primeiras indicações referentes aos membranofones e idiofones.
2 – Número de cordas e se este foi sempre o mesmo.
3 – Nome próprio das cordas, além dos nomes musicais: dó, ré, mi etc.
4 – Como são afinadas as cordas, onde o instrumentista aprendeu a afiná-las e há quanto tempo.
5 – Se conhece outras afinações de cordas.
6 – O que o executante entende por mudança de posição ou postura.
7 – Se conhece várias posições ou posturas e qual o resultado das mesmas.
8 – Quais os acordes executados nesta ou naquela posição ou afinação (da viola, cavaquinho etc.).
9 – Se o instrumento é usado para fazer melodia ou polifonias, quando e como estas se chamam.
10 – Significação das expressões *ponteado*, *rasqueado*, *rojão* ou *rajão*.
11 – Se o acompanhamento é feito apenas com o rasqueado ou se é costume usar neste o ponteado e quando.
12 – Pequena biografia do instrumentista.

III – Aerofones (flautas de taquara, pios, assobios etc.):
1 – Verificar as setes primeiras indicações referentes aos membranofones e idiofones.

2 – Série dos sons que possam formar escalas.
3 – Intensidade do instrumento em relação ao conjunto.
4 – Se as escalas que produz têm nome e qual a razão desses nomes.
5 – Biografia do instrumentista, em síntese.

Ritmos: anotar o esquema rítmico de cada instrumento que possa ter uma constância; as variações rítmicas de cada instrumento, dentro de uma fórmula fundamental; diversos ritmos executados ao mesmo tempo.

Gravações: gravar uma, duas, três vezes, a melodia entoada no máximo por dois cantores, para depois gravar todo o conjunto vocal; gravar cada toque instrumental para, a seguir, gravar o do conjunto de todos os instrumentos (repetir isso uma, duas, três vezes); afinal, gravar o canto folclórico, solista ou coral, com acompanhamento de todos os instrumentos.

Comidas e bebidas

Comidas – arroz, feijão, massas, farinhas, carnes, hortaliças etc.; doces e quitandas (bolinhos, sequilhos etc.).

Bebidas – refrescos e bebidas alcoólicas.

1 – O que se come diariamente, nos domingos e nos dias de festa.
2 – Em que fogo e panelas se preferem fazer a comida, doces e quitandas.
3 – Como se mexem e com que se mexem, na preferência.
4 – Que forno e fogo costumam usar.
5 – Como se preparam os diferentes pratos, os doces e as quitandas.
6 – Quais em que usam a banha, os azeites ou óleos.
7 – Dizer os tempos necessários para cozer e assar.
8 – Como se costuma dispor pratos, doces, quitandas para serem servidos.
9 – Como e em que horas são ingeridos.

10 – Quais as maneiras de adicionar o sal e o açúcar, explicando quantidade.
11 – Esclarecer sobre o uso dos cheiros e pimentas.
12 – Nas referências às carnes, dar os nomes das diferentes partes do boi, porco, carneiro, cabrito, galinha etc.
13 – Quanto aos peixes, crustáceos, mariscos, dar o nome conhecido na região e também do pedaço que se come.
14 – Dizer se é costume comerem outros animais, aves e insetos.
15 – Como se fazem, bebem e em que horas bebem as bebidas quentes (café, mate, chá, chocolate) e frias (refrescos).
16 – Quando costumam beber cerveja, vinho e cachaça e o que costumam misturar com a cachaça.
17 – Se é costume fazer vinho e licor de certas frutas, folhas, raízes etc.
18 – Esclarecer sobre as maneiras de fazer a comida ou bebida permanecer quente ou maneiras de esquentar sem deixar gosto ruim.

Agricultura

1 – Considerando plantas de jardim, pomar e roça, relacionar os exemplos que são plantados no local pesquisado.
2 – Verificar quais os instrumentos de trabalho e esclarecer como se procede a derrubada, roçada e queimada.
3 – O que significa tarefa e quais as medidas e pesos usados na roça.
4 – Período de trabalho na roça, com referências às horas do almoço e do café; se existe o costume de se anunciar o início e o fim.
5 – Terminada a queimada, o que se faz na terra e quando pode ser semeada.
6 – Como se faz o plantio dos produtos de roça, pomar e jardim e como se acompanha seu crescimento.
7 – Em que época se faz o plantio desses diferentes produtos e se há respeito à lua.

8 – Como se defendem as plantas dos passarinhos, animais daninhos e coisas ruins.

9 – Como se procede a colheita e em que época se costuma realizá-la.

10 – Depois da colheita, quais as providências subseqüentes relativas a produtos de roça e pomar.

11 – Estabelecer o calendário agrícola do local estudado, em relação a plantas de roça e pomar, dizendo em que mês se planta e quando se colhe.

12 – Verificar se o lugar em que existem as plantas de roça chama-se mesmo roça, plantação ou se tem outro nome.

13 – Dar esclarecimento sobre a técnica de usar os diferentes instrumentos de trabalho: a foice, a enxada, a cavadeira ou saraquá e até o arado mais simples.

14 – Nomes que se dão aos trabalhadores, de acordo com o contrato de trabalho, e também ao dono da terra que é trabalhada.

15 – Observar a existência do trabalho na forma de ajuda vicinal e o nome que recebe no local; dar esclarecimentos sobre essa modalidade de trabalho.

Pecuária: boi, cavalo, jumento, bode, ovelha, porco, búfalo

1 – Onde é criado e quem o cria.

2 – Diretamente, quem tem a função de cuidá-lo.

3 – Como se chama e qual a disposição dos lugares do campo onde é criado.

4 – Onde é preso para diferentes atividades e qual a disposição do lugar.

5 – Nomes que recebe ao nascer e no correr da idade até a idade adulta.

6 – Cuidados com o animal que vai dar cria e com o filho; como resolver o problema do desmame.

7 – Objetivos da apartação dos animais e como se processa a apartação.

8 – Como se dá a marcação e a sinalização, em que época e idade.

9 – Como se dá a castração, em que época e idade.

10 – Serviços com o gado de leite, horário de ordenha e como tirar o leite.

11 – Como se reconhece a idade dos animais e quais os nomes de suas diferentes partes, *quando* vivo, e depois de carneado ou cortado.

12 – Nomes que recebem os bois quanto à disposição dos chifres.

13 – Nomes de bovinos, cavalares, muares etc. quanto à cor dos pêlos ou pelagem.

14 – Arreios e aperos usados para o aproveitamento dos animais: nomes, suas partes e para que servem.

15 – Como amansar o animal bovino e domar o cavalo ou muar.

16 – A utilização do cincerro, o toque da buzina ou berrante e os aboios: finalidade.

17 – Como é morto o animal no seu lugar de criação, como se tira a pele ou couro e põe-se para secar e como é cortado, com referência à utilização de suas diferentes partes.

18 – O rodeio e a vaquejada; o transporte de uma boiada, com nomes e função dos diferentes encarregados no seu transporte.

PESQUISA NA ESCOLA DE FOLCLORE*

Vários ex-alunos desenvolveram atividades de pesquisa fora do Estado de São Paulo para elaborar a tese de conclusão da Escola de Folclore ou os solicitados relatórios de viagem. Pela importância da documentação de outras regiões, vamos destacar três dessas teses: a de Marcel Jules Thiéblot, sobre alguns aspectos do folclore, em Rondônia; a de Niomar de Souza Pereira e Mara Públio de Souza Veiga Jardim, relativa à festa do Divino, em Goiás; e a de Maria do Carmo Pinto, manifestações de folclore, em Santa Catarina. Marcel Thiéblot é francês de origem e tornou-se um de nossos melhores pesquisadores de folclore. Em Rondônia, no período de 1972 a 1975, estudou o folclore dos antigos moradores e dos parceleiros das matas que agora chegaram à região: a casa, o seringueiro, o castanheiro, o pescador, o caçador, o marreteiro ou o regatão, artesãos diversos, no que se relaciona aos antigos moradores; chegada, transporte, instalações, casa, jardim, comidas e bebidas, dia comum, profissões, em relação aos parceleiros. O folclore de Rondônia, historicamente ligado à Amazônia e ao Nordeste, constata Marcel Thiéblot,

---

* A Escola de Folclore a que se refere constantemente o autor funcionou regularmente de 1970 a 1987. Sua proposta era formar pesquisadores. E sua metodologia era aquela proposta por Rossini Tavares de Lima, fundamentada em sua *teoria de cultura espontânea*. Ao final do curso, o aluno deveria apresentar um trabalho prático, pesquisa de campo, que se constituía em sua tese. É principalmente a estes trabalhos que o autor se refere nesta obra.

começa a se modificar, conseqüência da aculturação de migrantes paranaenses, mineiros, capixabas, os parceleiros que vão para as matas. Os fogões de barro, encardidos, passam a ser todos brancos, apenas com uma mão diária de barro branco; os quintais enchem-se de flores e o roçar, derrubar, plantar constituem novas atividades da região. Em contrapartida, o amazonense, como é chamado o velho habitante, ensina o parceleiro como aproveitar as riquezas naturais para sobreviver, enquanto a lavoura não produz, e como se defender dos perigos.

Esse importante trabalho de Marcel Thiéblot foi publicado pelo Conselho Estadual de Cultura do Governo do Estado de São Paulo. Integrado à equipe da Associação Brasileira de Folclore, Marcel Thiéblot partiu para nova pesquisa, relativa ao processo artesanal folclórico de extração de sal nas salinas do Brasil. O resultado desses novos estudos foi publicado também pelo Conselho Estadual de Cultura do Governo do Estado de São Paulo, com o título *Os homens do sal no Brasil*.

Niomar de Souza Pereira e Mara Públio de Souza Veiga Jardim pesquisaram festas e manifestações de teatro folclórico, em Goiás. O trabalho delas sobre festa do Divino, na Cidade de Goiás e em Pirenópolis, que lhes deu o título de pesquisadoras da Escola de Folclore, foi baseado em extensa bibliografia, através da qual historiaram a festa desde sua instituição, em Portugal, e sua ocorrência, desde as primeiras notícias até a época da pesquisa, no Brasil. Analisaram sob o aspecto histórico, geográfico e cultural as duas cidades e depois descreveram as festas, no fundamento de intensa pesquisa de campo, que realizaram, incluindo documentação sobre congos e tapuios, da cidade de Goiás, e a cavalhada e pastorinhas, de Pirenópolis. Há menção aos reinados de São Benedito e Nossa Senhora do Rosário e aos mascarados ou curucucus cavaleiros, também de Pirenópolis. Houve uma análise comparativa das duas festas com as já referidas na bibliografia, esclarecimentos sobre a função, classes sociais participantes e grupos culturais que contribuíram para sua estruturação e desenvolvimento. Em anexo, as pesquisadoras apresentaram programas de festas, partituras de músicas da folia e hino do Divino, das pastorinhas, congos, tapuios, regulamento dos festejos e fotografias. Como manifestação que foge à estrutura de uma festa do Divino, recordam a inclusão, em Pirenópolis, das pastorinhas, nas características de expressão folclórica do ciclo do Natal, no Nordeste. Trazidas por alagoano e com a primeira apresentação realizada em 1923, as pastorinhas goianas, que se exibem em plena festa do Divino, constituem um verdadeiro pastoril, com os cordões vermelho (encarnado) e azul e os personagens Simão Velho, Luzbel, Diana, Cigana etc. Sua representação, com ingressos vendidos, é recebida com o maior interesse pela população da cidade, que chega a se dividir nas torcidas favoráveis ao cordão azul ou ao vermelho (encarnado), como ocorre no Natal nordestino.

Ambas as pesquisadoras goianas passaram a participar da equipe da Associação Brasileira de Folclore. Já desenvolveram atividades de campo e de pesquisa bibliográfica sobre o tema relativo às cavalhadas, incluindo cavaleiros mascarados. Niomar de Souza Pereira documentou todos os ensaios das cavalhadas de Pirenópolis, esclareceu pontos concernentes às corridas e representação, que já havia analisado no trabalho anterior, e partiu para um importante levantamento bibliográfico, nacional e estrangeiro. Mara Públio de Souza Veiga Jardim fez relatório de pequisa sobre a representação da Paixão de Cristo, em Macatuba, São Paulo, para a Comissão Estadual de Folclore.

Maria do Carmo Pinto é a pesquisadora de Santa Catarina, cujo trabalho desenvolveu-se mais em função da aplicação de questionário, com a finalidade de verificar a incidência de determinadas manifestações do folclore naquele Estado, se bem que tivesse partido também para o estudo de algumas dessas manifestações. O boi-de-mamão, também com o nome de bumba-meu-boi, foi constatado em Criciúma, Biguaçu, Florianópolis, São João Batista, São Francisco do Sul, Piçarras, Orleans e Içara. Em Piçarras tem fandango, danças de São Gonçalo, congada e farra do boi. O Kerb foi localizado em Castelo Branco, Piratuba e Ipira. Há folia de Reis em vários municípios. Também essa pesquisadora coletou dados sobre o catolicismo folclórico e, dentro desse domínio, sobre a Semana Santa. Em São José, nas redondezas de Florianópolis, analisou o presépio de Manoel João da Silva, cujas figuras têm mãos de cera, rosto de cera ou gesso e demais partes de madeira, apresentando cenas diferentes, desde a anunciação até a crucificação. Estudou a cerâmica figurativa da Nésia, na qual se destaca o conjunto do boi-de-mamão, a pesca de costa e de barra da lagoa, e levantou dados sobre a umbanda.

Em São Paulo, também houve ex-alunos da Escola de Folclore que trabalharam seriamente com o assunto. Alba Carneiro Vidigal, por exemplo, dedicou-se ao estudo da cidade de Campinas, na sua manifestação atual de folclore. Deve-se-lhe, para complementação do curso da Escola de Folclore, um trabalho relativo a artesanato e arte de arame, lata, gesso-retalho-madeira, madeira, bambu, linha, retalho, papel-crepom, publicado pelo Conselho Estadual de Cultura, da Secretaria de Cultura, Ciência e Tecnologia, do Governo de São Paulo.

Outra pesquisadora de muito entusiasmo e trabalho é Haydée Nascimento, que concluiu o curso da Escola de Folclore com uma pesquisa sobre a cerâmica utilitária de Apiaí, publicada, em separata, pela *Revista do Arquivo Municipal*. Constantemente, entregava relatórios à Escola de Folclore, relativos às observações que fazia sobre diferentes aspectos do folclore. Coletou dados sobre o carnaval de máscaras de Santana de Parnaíba, para a Comissão Estadual de Folclore, e preparou trabalho relativo a instrumentos musicais, no domínio da religião mediúnica de aculturação africana, em terreiros da Capital, São Paulo. Haydée Nascimento é também membro da Associação Brasileira de Folclore.

Outros ex-alunos da Escola de Folclore – José Araripe Júnior, Rui Magrini, Luís Francisco Rezende, Sebastião Nery – desenvolveram atividade no setor da documentação. José Araripe Júnior já levantou dados e partiu para análise da expressão folclórica dos ferreiros, especialmente quanto à técnica de produzir e consertar instrumentos de trabalho. Fez viagem de estudos ao norte brasileiro, estabelecendo como centro de atividades a cidade de Macapá. Referidos ex-alunos, liderados por Rui Magrini, fizeram relatório sobre o pastor ou companhia do pastor, manifestação de teatro folclórico, no contexto de folguedo popular, que estudaram na região de Passos, incluindo Nova Rezende, Minas Gerais, e outras cidades, no período natalino. Luís Francisco Rezende documentou a reza das almas (recomenda, encomenda ou alimentação de almas), no sul de Minas Gerais. Sebastião Nery coletou dados de mutirões agrícolas e das danças jongo e lundu, em Lagoinha, São Paulo, e de festas e congadas de diversas localidades do Estado de Minas Gerais.

Iracema França Lopes Corrêa, nossa ex-aluna que há alguns anos vem coletando informações sobre diferentes aspectos do folclore de Ilhabela, concluiu o seu trabalho concernente à congada daquele município. Essa congada classifica-se entre aquelas que representam o desentendimento entre dois grupos porque ambos desejam realizar, ao mesmo tempo, a festa de São Benedito, no exemplo da que estudamos no bairro São Francisco, em São Sebastião, e em Caraguatatuba, e que se relaciona à histórica congada de Iguape e às congadas da cidade de Goiás e as referidas por Martius, Pohl, Max Schmidt e Pereira da Costa. No seu instrumental acompanhante, a revelar sua aculturação africana de negro bantu, encontra-se a marimba de teclas de madeira e cabaças funcionando como caixa de ressonância, como exemplar que Iracema França Lopes Corrêa doou ao Museu de Folclore, e atabaques.

A ex-aluna Scyntila Brigagão documentou congadas e moçambique de São Sebastião do Paraíso, Minas Gerais; Maria do Céu Correia Rosa Lopes estudou os apelidos de ruas e logradouros de uma faixa de bairros da Zona Norte, na Capital, São Paulo; Johanna

Martha Kopte e Anna Louro Rodrigues pesquisaram a tecnologia folclórica em olarias, na base de dados levantados nas regiões limítrofes de São Paulo; Martha Haug pesquisou agricultura e técnica artesanal na produção do fumo em Chapada dos Guimarães, Mato Grosso; Beatriz Coutinho registrou as congadas em Lambari e São Gonçalo de Sapucaí, Minas Gerais; Zilda Mendes Moreira Rangel estudou diversas manifestações do folclore de Cunha, São Paulo, e principalmente a pecuária, sobre o burro: criação, desenvolvimento e utilização.

Entre os alunos da Escola de Folclore, que nunca se desligaram dela, devemos destacar, num momento de sentida saudade, a atividade desenvolvida por Zilda Ruiz, que concluiu o curso com uma pesquisa relativa à reisada de Alfredo Marcondes, São Paulo, a qual lhe deu *post mortem* o grau de mestre em ciências sociais da Escola Pós-graduada de Ciências Sociais, da Fundação Escola de Sociologia e Política de São Paulo.

A grande pesquisadora da Escola de Folclore, com justos títulos, pela presença marcante na documentação, foi a diretora Julieta de Andrade. Suas pesquisas destinavam-se a atualizar permanentemente o curso que dirigimos e orientamos juntos. Conseqüência dessas pesquisas, no Estado de Mato Grosso, é uma nova visão do folclore dessa região brasileira, comprovando que denota muito mais uma aculturação européia de definição paulista do que indígena. Suas pesquisas de campo na cuiabania, na parte relativa ao siriri, dança característica matogrossense, obrigam os folcloristas brasileiros a uma revisão nos seus conhecimentos. Siriri não é nada do que disseram ou dissemos até aqui, mas o que diz a professora Julieta de Andrade, na base de ampla documentação de campo: série de danças, uma suíte, com muita expressão do nosso Fandango litorâneo; as danças, porém, chamam-se modas e podem ser executadas na roda, com os nomes de Cirandinha, Boi tá brabo, Engenho novo; com lenço: Barco de alemão, Zonda do mar, Pavão; filas frente a frente: Tirana. Há também o Galope, cuja movimentação e passos recordam os do Galope europeu. Há modas improvisadas, com temas diversos, incluindo boas-vindas, elogios e motejos dirigidos aos presentes. Conforme a aceitação, o improviso se incorpora ao acervo do grupo de siriri, como também podem se incorporar modas tradicionais. Estudando e analisando essa dança, a professora Julieta de Andrade nos deu os primeiros conhecimentos mais sérios sobre um instrumento musical, característico do Estado de Mato Grosso: o cocho ou viola de cocho, uma viola diferente de todas as outras do Brasil, de corpo fortemente acinturado, fundo plano, com braço bem curto que se quebra para trás em ângulo, bastante pronunciado: o tampo superior, onde se acham as cordas, pode ser inteiramente fechado ou então possuir um ou mais orifícios, às vezes do tamanho de uma cabeça de fósforo. O cocho ou viola de cocho tem cinco ou seios cordas, com a seguinte afinação: dó, sol, lá, ré, sol; e sua tessitura atinge duas oitavas e meia. No siriri há dois tocadores de cocho ou violeiros de cocho: um de ganzá ou caracaxá, que é um reco-reco de bambu, e um de matraca, dois pedaços de pau que batem num mocho, também chamado tambori, bruaca, tamborete, caixote. Outra documentação muito importante, que a professora Julieta de Andrade trouxe para a Escola de Folclore e para o Museu de Folclore, foi a relativa a garimpo. Ela viveu um pouco a vida do garimpeiro na lavra de diamante de Água Fria, onde existe uma corrutela que, geograficamente, pertence à Chapada dos Guimarães, em Mato Grosso. Constatou na corrutela, diferente do que escrevem e dizem dos garimpos, um clima familiar, de ajuda mútua, em que até as mulheres ajudam os maridos no trabalho. Descreveu as técnicas monchão com água, leito ou golfo e grupiara; os instrumentos de trabalho: cavadeira, enxada, picareta, alavanca, marreta ou marrão, e as quatro peneiras onde se procura o diamante: sururuca ou despedradeira, grossa, média e refina. Assim ela explica a técnica de trabalho com as peneiras: vai sururucando, a movimentar com as duas mãos as peneiras, uma por vez, passando depois para a seguinte e procurando o diamante com o dedo indicador. Prosseguindo as pesquisas, em Mato Grosso, a professora Julieta de Andrade estudou aspectos relacionados à técnica da construção de casa e de muros de adobe e de pedra canga, do artesanato de rede e de cerâmica utilitária e figurativa, comidas e bebidas, medicina (medicina seguindo documentação da Escola de Folclore, muito mais de aculturação européia do que indígena ou africana, como aliás toda a medicina folclórica brasileira), religião, festas etc. Na divisa de Altos e Campo Maior, no Piauí, observou o artesanato de cera de carnaúba, documentando-a: para cortar as folhas, usam a foice goivada, fixada em cima de uma vara de mais ou menos seis metros de comprimento. No chão, as folhas são desfiadas a faca e postas ao sol, para secar. A seguir, são empilhadas em um depósito para formar um pó branco que acaba recobrindo as folhas. Elas são empilhadas em feixes e depois estes são batidos em quarto fechado. Recolhe-se o pó em saca de farinha, que é imerso em água fervendo. A cera forma-se dentro do saco por ação do calor, endurecendo ao esfriar. Em Teresina, Julieta de Andrade pesquisou o artesanato de vasilhame, produzido com a borracha interior dos pneus, que tem toda uma técnica folclórica para extraí-la. Fazem-se latas de lixo, bacias, baldes, corotes: as latas de lixo de borracha dão à Teresina uma paisagem diferente e característica. A Escola de Folclore já constatou a existência desse artesanato em outras regiões brasileiras.

Através das pesquisas de Julieta de Andrade, a documentação da Escola de Folclore foi sempre reformulada e em conseqüência os nossos próprios conceitos em relação ao folclore do Brasil. A ela devemos, além do que já expusemos, informações atuais relativas à *religião*: festa do Círio, em Belém, Pará; festa de Santana, em Chapada dos Guimarães, Mato Grosso; culto ao finado Grigório, em Teresina, Piauí; religiões mediúnicas de aculturação africana, em Belém, Teresina, Salvador e Porto Alegre; *pecuária*: criação, castração e cor da pelagem de bois, obtidas durante uma ferra de bois, realizada na sesmaria do Rosilho, ao sul de Poconé, no pantanal mato-grossense, e diferentes dados na construção e atividades de fazenda, em Ijuí, Rio Grande do Sul; *teatro*: na manifestação do folguedo popular, sobre o reisado, em Teresina, e pássaro, em Vigia, Pará; *dança*: na qualidade de observadora participante, tudo o que concerne ao carimbó, em Vigia, Pará; *casa*: na técnica do adobe, em Mato Grosso, nas divisões e portas de babaçu, no Piauí, nos muros de pedra canga, Mato Grosso, etc.; *medicina*: no Pará, Piauí, Mato Grosso e outros estados.

ANÁLISE E INTERPRETAÇÃO DE DADOS

A pesquisa de folclore completa-se com a análise e a interpretação de dados coletados, no trabalho de campo ou na documentação e bibliografia. Esta análise e interpretação devem-se concretizar através da aplicação da metodologia eclética do folclore, que compreende a abordagem geográfica, histórica, sociológica, funcionalista e de aculturação, principalmente.

O estudo dos complexos e traços culturais espontâneos deve ser situado em um espaço geográfico, não apenas para se ter uma visão espacial dos complexos e traços, mas também para a verificação de suas relações com os fenômenos geográficos. Há manifestação de folclore que chega mesmo a depender das características físico-geográficas do lugar onde existem. De modo que são sempre muito importantes as referências à geografia desse lugar, completadas com o mapa. O método geográfico, com o recurso técnico da cartografia, pode ser empregado também para a constatação de determinado complexo ou traço cultural espontâneo em certa região e, a seguir, em regiões mais extensas, com a finalidade de se concluir sobre sua difusão e do porquê haver se difundido por estes ou aqueles caminhos.

No Brasil, a primeira utilização do método geográfico, em folclore, com esse objetivo, foi efetivada pela Sociedade de Etnografia e Folclore de São Paulo, fundada por Mário de Andrade. Tomando por base o Estado de São Paulo, aplicou-se o questionário e, segundo os dados levantados, foram elaborados e publicados mapas relativos às danças (samba e batuque, cateretê ou catira), superstições e crendices, medicina (proibição alimentar de leite com frutas, cura do terçol com anel), manifestações de teatro, já chamados folguedos populares e, na época, apenas danças (caiapó e suas variantes), num total de cinco mapas. Entretanto, considerando que hoje não estudamos o folclore pelo folclore, mas em função do homem, que é sempre portador de folclore, esse processo de trabalho deve ser considerado complementar na aplicação da metodologia eclética da ciência folclórica. Também achamos que o mapeamento, para ter valor científico, só poderá ser realizado por equipes muito bem preparadas em folclore, porque, na realidade, só quem sabe folclore poderá levantar dados folclóricos.

Situada geograficamente a manifestação de folclore, deve-se aplicar o método histórico, sempre nas características socioculturais, com destaque para os dados folclóricos, a fim de constatarmos como se desenvolveu o grupo social ou coletividade estudados no seu folclore. Ao mesmo tempo, é importante a utilização do método histórico-comparativo em relação ao objeto de nosso estudo, o qual será beneficamente empregado, mediante levantamento de fontes de documentação e bibliografia, com acentuado critério seletivo e crítico. Nesse aspecto, tomar muito cuidado com as "enciclopédias", que apenas podem ser consideradas fontes subsidiárias, infelizmente nem sempre verdadeiras no que se relaciona ao folclore. Esse cuidado deve ser estendido aos "dicionários", principalmente os denominados "ilustrados".

O método histórico-comparativo vai nos levar a uma análise correta dos complexos e traços culturais espontâneos, que estamos estudando, nas suas relações com outros de características semelhantes do passado, oferecendo-nos esclarecimentos sobre as modificações que sofreram através do tempo, no processo de aculturação, e o que neles existe de comum, como expressão cultural do homem.

A investigação folclórica, afirma Richard Weiss, jamais deixará de indagar em que classes sociais existe o folclore, objeto de estudo. E o velho Raffaele Corso já dizia que o folclore nasce e se desenvolve tal qual uma planta no terreno da vida social, do qual tira suas formas e seus caracteres. Portanto, não se pode fazer uma boa análise e uma interpretação dos traços e complexos culturais espontâneos se não os observarmos no contexto da sociedade em que existem, buscando esclarecimentos sobre sua significação como manifestações da classe baixa, média, alta ou de todas as classes e também nas características profissionais. Aliado, porém, ao psicológico, no aspecto psicossociológico é que ele atinge mais profundamente seus objetivos. Isso, dizia Jorge Dias, pela ênfase que dá ao elemento psicológico, estudando não apenas o folclore na coletividade, mas também no homem como portador de folclore. Dessa maneira, poder-se-á chegar a definir de que maneira e por que vias certos organismos psíquicos assimilaram esta ou aquela expressão folclórica. Lembrar que, nesse caminho, se atingirá a psicanálise, que também pode contribuir na metodologia do folclore. Foi o que tentou fazer o antropólogo Artur Ramos na sua obra *O folclore negro do Brasil*, há mais de quarenta anos.

Na análise e interpretação dos dados de folclore também é importante o enfoque funcionalista, revelado e defendido pelo antropólogo polonês Bronislav Malinowski. Seu enunciado geral é o seguinte: "A visão funcional da cultura estabelece o princípio de que cada sociedade, cada costume, cada objeto material, cada idéia e cada crença desempenha uma função vital, tem alguma tarefa a executar, representa uma parte indispensável dentro de um todo ativo." Dentro desse enunciado de um antropólogo, que se preocupava com o atual na manifestação da cultura, colocamos que estamos interessados principalmente no estudo do folclore que existe hoje e não precisamente na história do folclore. Em conseqüência, todos os complexos e traços culturais espontâneos, constatada sua existência na sociedade, desempenham funções e preenchem finalidade.

Aplicando o funcionalismo ao folclore, Varagnac sugeriu que a função seja investigada, observando-se a função atual, a anterior e a interpretação que aqueles que a vivenciam lhe dão. Mostrou, a seguir, que as manifestações folclóricas podem responder, com o correr do tempo, a necessidades e mentalidades diferentes.

No método eclético do folclore, julgamos básico o enfoque relativo à aculturação, que os antropólogos Robert Redfield, Ralph Linton e Melville Herskovits definiram, já em 1936, como "aqueles fenômenos que resultam quando grupos de indivíduos possuidores de diferentes culturas entram em contato contínuo e direto, com subseqüentes mudanças nos padrões culturais originais de um ou de ambos os grupos". Posteriormente, Herskovits a redefiniu como o resultado direto de contatos que se estabelecem entre indivíduos, grupos de indivíduos e sociedades de culturas diferentes e que exercitam, quase automaticamente, o mecanismo da transmissão de traços e complexos culturais. Aplicada ao folclore, verificamos que, no enfoque da aculturação, folclores diferentes se encontram, efetivam a troca, ambos dando e recebendo e, por fim, vão transformando-se, o que determina o aparecimento de manifestações de características diferentes em cada um deles. Em nossa opinião, o processo da aculturação explica e define o folclore brasileiro e, portanto, não pode deixar de ser incluído na metodologia folclórica. No estudo da cultura espontânea, mostra como toda ela é resultante da aculturação e nunca da atuação direta e constante das diferentes culturas, que contribuíram para a formação do nosso folclore. Em folclore, não somos portugueses, indígenas, africanos, espanhóis, italianos, franceses, alemães, ingleses, norte-americanos e sabe-se lá o que mais, mas possuímos, em nossa expressão de cultura espontânea, uma enorme aculturação européia, muito mais do que especificamente portuguesa, uma aculturação tupi, uma africana de sudaneses e angola-congoleses etc., dentro de características muito próprias e particulares. Conseqüência das migrações internas, também se observa o processo de aculturação em diferentes complexos e traços culturais espontâneos, cujas estruturas devem ser analisadas em função dessas migrações. Já não é o bastante verificarmos se o traço ou complexo é resultante do contato com culturas alienígenas de nosso processo histórico, mas também é importante que o analisemos no contato do grupo ou coletividade com outras coletividades brasileiras.

Esta metodologia básica, que julgamos imprescindível para um estudo sério do folclore brasileiro, pode ser complementada com o método estatístico, estético e até o índice de motivos*, se se trata de estudo de literatura.

---

* O autor está se referindo ao *motivo-índice* do americano Stith Thompson. Américo Pellegrini Filho, em sua obra *Literatura folclórica* (São Paulo, Manole, 2000), apresenta um apêndice dedicado ao assunto.

CULTURAS

Historicamente, nosso folclore possui aculturação européia através de portugueses, espanhóis, italianos, franceses, alemães, ingleses, poloneses, holandeses; asiática de árabes, sírio-libaneses e japoneses; e ainda de judeus, ciganos, norte-americanos, índio-tupi e africana de ioruba e banto.

Aos portugueses devemos a língua e como conseqüência formas de linguagem, de poesia e de prosa. Na poesia, destacar a trova ou a quadrinha, e na prosa, os lengalengas ou contos acumulativos, as estórias de Trancoso, os mitos da Alamoa, Pisadera, Porca dos Sete Leitões, Cabra Cabriola, Cuca ou Coca, Mula-sem-cabeça (Burrinha-de-padre ou Burrinha) e o Lobisomem, conhecido em toda a Europa. Na indumentária, o tamanco de pau, a roupa de couro do vaqueiro e a carocha ou caroça, capa de chuva de fibras vegetais, usada pelo sertanejo goiano e do norte de Minas Gerais. Na comida, os pratos de porco, inclusive o sarrabulho, a galinha de cabidela e o molho denominado vinha-d'alho, que pronunciamos vinho a d'alho, e muito de nossa doceria. Na religião, o culto ao Divino e a São Gonçalo de Amarante, santo padre português, cuja imagem brasileira tem as características de um violeiro: os grupos religiosos das folias ou bandeiras e o da recomenda de almas, do período de Quaresma, além de cantorias como os martírios (observado em Ilhabela, São Paulo) e as excelências etc. Nas festas, os dirigentes chamados juiz, alferes, mordomos, padrinho de São João; cerimônias com música, morteiros e foguetes, designadas alvoradas; os jogos, na modalidade de touradas, e as cavalhadas de São João e de outros santos, na característica de cortejos a cavalo, que percorrem as ruas da cidade, por vezes promovendo o jogo de argolinhas; os zé-pereiras, como gigantões, máscaras gigantes ou grupos carnavalescos de berraria. Na dança, a cana-verde, ciranda, chamarrita, pezinho; no teatro, com dança e música, na forma de que se chama folguedo popular, o pastoril; na roda, de crianças e adultos, como a da machadinha, viuvinha etc.; no jogo de cartas, como o de Bisca. Quanto à música, mencionar a viola, um dos nossos mais importantes instrumentos musicais.

O espanhol deu larga contribuição no jeito de falar do gaúcho e na sua indumentária, definida como de aculturação espanhola, açoriana e paulista. Em várias danças, o toque de castanholas com a ponta dos dedos, o fandango, na modalidade de série de danças ou marcas, do sul brasileiro, a partir de São Paulo. No Rio Grande do Sul, a dança intitulada meia-canha, e também na região Sul, as murgas na definição de grupo instrumental carnavalesco de instrumentos extravagantes. No Nordeste, o jogo vaquejada, que procede do jogo do "toro coleado". No domínio da roda, há documentos espanhóis, no exemplo do "Eu sou a viuvita do Conde Laurel". Deve-se-lhe também, no setor de instrumentos musicais, a difusão do violão ou guitarra, que participa de numerosas manifestações do folclore brasileiro.

O italiano também concorre com muitos vocábulos para a nossa língua. Estimula o gosto pelo vinho e nos ensina a comer macarrão, pizza, risoto, polenta, minestrone, brachola. Mostra como se constrói a casa de táboa, pintando-a, às vezes, de várias cores, ou a de base de pedra. Integra, em nosso país, o jogo de mora ou morra, do qual procede o de palitos de fósforos, e o de bocha. Do seu urso amestrado de feira, no Nordeste, nasce a manifestação de teatro, na forma de folguedo popular, que é o urso de carnaval. Difundiu, entre nós, o acordeão, sanfona ou gaita, que também está presente na música folclórica do Nordeste e do Rio Grande do Sul, principalmente. Deve-se ainda mencionar como sua contribuição a da banda-de-música, que pode apresentar características folclóricas.

O francês teve mais importância na formação do folclore brasileiro do que se pode imaginar. Os festejos do ciclo do Carnaval têm uma porção de complexos e traços culturais de procedência francesa. Vejam-se os mascarados pedindo donativos, a pintura de rosto com graxa, fuligem ou farinha, os índios ideológicos na moda do *sauvage* ou *homme du bois*, as máscaras de cavalos e bois, as assuadas ou charivaris até com caçarolas e frigideiras. Através da literatura popularesca, no exemplo, da *História de Carlos Magno e os doze pares de França*, cujo original francês é do ano de 1485, nasceram muitos entrechos de nossas congadas e cavalhadas, na modalidade de torneio eqüestre, que representa a guerra de mouros e cristãos, além de histórias que são narradas pelos nossos contadores de estória. Na dança brasileira, tem enorme importância a quadrilha francesa, que além de se situar como a nossa dança do ciclo joanino, no processo de aculturação, influenciou outras danças. Nas rodas, o francês tem marcada sua presença, que pode ser exemplificada em "Lá na ponte de vinhaça", "Giroflê, giroflá", "Margarida está no castelo".

O alemão trouxe para o sul brasileiro a casa de enxaimel, onde se acham intercalados tijolos e madeira. No domínio da comida e bebida, difundiu o uso da batatinha, salsicha, chope e cerveja pelas nossas festas caseiras e de cidade. Nas regiões onde se observam sua aculturação, a carroça deixa de ser puxada pelo burro, o qual é substituído pelo cavalo. No Rio Grande do Sul, definiu uma manifestação de características teatrais: o *kerb*, que é um cortejo com danças e cantorias. Também se lhe deve a difusão do jogo do tiro ao alvo, acompanhado muitas vezes de festas e a escolha do rei do tiro, e da festa da cumieira ou cobertura de casa.

O inglês contribuiu com o futebol, que se transformou em um dos mais importantes complexos culturais espontâneos do Brasil, na forma de jogo. Sua contribuição estendeu-se também à linguagem, literatura, superstições e crendices. Há também traços culturais ingleses na manifestação de teatro folclórico, conhecido por fandango ou marujada. Em Sousa, na Paraíba, aparece um Alberto Whalton, capitão-de-mar-e-guerra, e na velha marujada de Iguape, há o Capitão Inglês e Ana de Bilona (Bolena), que só despreza Jesus de Nazaré.

Os poloneses foram os madeireiros do Paraná, integrando a casa de táboa ou de madeira ao panorama da região.

Os holandeses deixaram traços culturais no Nordeste, revelados na crença de que são construtores de fortes e fortalezas, por artes de magia. Eles também aparecem em sonhos de brasileiros para assinalar o lugar dos tesouros que enterraram, quando deixaram nosso país. Ainda na referência de um tempo muito antigo, diz-se "no tempo dos flamengos", assim como se designa a sífilis como o "mal de Holanda", por se acreditar, na manifestação de cultura espontânea, que os holandeses foram responsáveis pela introdução dessa doença no Brasil.

Os árabes, como mouros, são os responsáveis por uma peça de indumentária: o torço ou turbante, que se inclui na veste da baiana. Também se acham presentes no vermelho da indumentária dos participantes de cavalhadas, congadas e pastoris. Na linguagem de gestos, o sentar-se com as pernas dobradas pode revelar uma aculturação árabe, assim como o beijo na cabeça, na característica de veneração, o chamar alguém, movimentando o dedo voltado para cima ou o beijar a própria mão, numa carinhosa saudação.

Mais em São Paulo, o sírio-libanês nos trouxe a histórica figura do mascate, turco de prestação, com sua indefectível matraca, transformando-se na figura mitológica do turco comedor de crianças. Foi ele também que nos ensinou a comer o quibe e a carne de espetinho.

O japonês integrou em nosso cardápio o feijão-soja, o broto de bambu e mostrou que a cobertura de uma casa pode ser feita com palha de arroz.

Ao judeu devemos a mortalha nos cadáveres, cuja reinterpretação observa-se na mortalha das promessas. No domínio das superstições e crendices, o cobrir ou virar os espelhos no rito da morte, deixando de se fazer a barba e cortar os cabelos, durante determinado período, depois do enterro. Não apontar a faca para cima porque é uma ameaça para Deus. Não mudar de casa na segunda-feira, porque nesse dia Deus não falou que estaria bom. Oferecer sal e pão para quem se muda de casa, a fim de que seja feliz na nova moradia.

Em conseqüência dos contatos culturais com os ciganos, integrou-se em nossa manifestação de cultura espontânea a figura da cigana, que lê a sorte na mão ou no baralho. Com a significação de gíria, difundiu-se, entre nós, a expressão calão, nome dado à sua língua pelos ciganos brasileiros.

O que há de mais importante na contribuição do norte-americano para o folclore brasileiro, além do rosbife, breque, bonde, rabo-de-galo, cachorro quente, é um instrumento de *jazz*, que participa de numerosos agrupamentos instrumentais folclóricos do Nordeste e Norte. O instrumento é o banjo, do qual, entre nós, há vários tipos, como o banjo-violão, banjo-cavaquinho, banjo-bandolim.

O indígena que manteve maior contato com o europeu, em nosso território, foi o tupi, e em conseqüência ele tem muita importância em numerosos complexos e traços culturais espontâneos do brasileiro. Em nossa cultura, porém, possuímos expressões da ideologia indianista, isto é, do índio idealizado, segundo a fórmula romântica européia e amplamente difundida, entre nós, por José de Alencar, cujo próprio Peri está vivo em certas manifestações de folclore do Nordeste. Portanto, na análise e interpretação de dados indígenas no folclore brasileiro, devemos ter sempre muito cuidado para não tomarmos gato por lebre. No complexo cultural espontâneo da literatura, além das histórias de onça, macaco e jabuti (símbolo da astúcia, paciência, coragem e cuja expressão procede do guarani *y-abuti*, com a significação de "o que tem fôlego, é tenaz e resistente"), destacamos sua contribuição, no contexto de aculturação, através de mitos ou assombrações gerais e regionais. São gerais os mitos *Anhangá*, que na pronúncia tupi é Anhanga, sem acentuação, e que aparece como uma visagem, um fantasma, espectro de tatu, pirarucu, tartaruga e até cachorro; *Caipora* ou *Caapora*, na forma comum de um homem coberto de pêlos e montado em um porco do mato, que pede fumo para seu cachimbo; *Currupira* ou *Curupira*, que pode ter a forma de um anão, com os pés voltados para trás; *Boitatá*, cobra de fogo que se ilumina com os olhos que come, touro ou boi que solta fogo pela boca, espírito de gente ruim, que surge como um rojão ou tocha de fogo. Os regionais são o *Saci-Pererê*, *Sererê* ou *Saperê*, anãozinho de uma perna só, com barrete na cabeça e cachimbo na boca; *Matinta-pereira*, coruja que se transforma em gente, para brincar e ralhar com meninos vadios, ou em feiticeiro, para exercer suas vinganças; *Mapinguari*, gigante de pêlos negros, mãos compridas, boca rasgada do nariz ao estômago, com pés em forma de cascos; *Angoera*, índio batizado pelos padres, que se transmudou em alma penada e vive a fazer estrepolias; *Tibanaré*, índio velho que pede pedaço de fumo a quem encontra ou pássaro encantado, que satisfaz nossos pedidos, voltando depois para buscar o pedacinho do fumo.

    No complexo dos acessórios caseiros, o índio ensinou o europeu a dormir na rede e também a fazer rede nos seus teares verticais. Mostrou-lhe as diversas utilidades do jirau, o estrado de varas sobre forquilhas, para leito, guarda de utensílios domésticos e para secar mantimentos. Nas regiões assoladas pelos mosquitos, como no Norte, comprovou a importância do mosquiteiro de rede para um sono mais tranqüilo. Na comida e bebida, destacar a mandioca e os seus produtos: pirão, tapioca, beiju, farinha, incluindo a bebida tiquira, os molhos tacacá e tucupi e o refresco jacuba ou chibé; o milho cozido e assado e seus derivados: canjica, pamonha, pipoca, farinha; entre outras comidas, incluir a içá ou tanajura torrada ou frita, que é a formiga saúva na sua forma alada, e que hoje a indústria norte-americana está produzindo, recoberta de chocolate; bebidas estimulantes: guaraná, congonha e mate; bebida sagrada: feita com a casca da árvore jurema. Na caça e pesca, registrar, no domínio da caça, o laço ou juçana, para passarinhos; arapuca, para aves; o mundéu, para animais; o mutá ou mutã, estrado ou assento feito na árvore, para espera da presa; a utilização de armas, a exemplo do bodoque, arco que atira bolas de barro endurecido ou pedras; bolas ou boleadeiras, laços ou pedras para caçar ema. Na pesca, o uso da linha de tucum, o jequi ou covo feito de taquara, o puçá na forma de pequena rede atada a uma vara e ainda as técnicas de arpão, arco-e-flecha, urupema, barragem, curral e a utilização do suco do timbó e do tingui para atordoar peixe.

Outros aspectos da contribuição indígena podemos observar nos transportes fluviais ou marítimos, com a igara ou pequena canoa, e a jangada, que Pero Vaz de Caminha chamou de almadia e descreveu como sendo de "três traves atadas entre si"; nas manifestações religiosas mediúnicas, de funções mágico-curativas, com a pajelança e o catimbó, em que aparece a figura do homem-medicina das sociedades pré-letradas, por vezes com o nome de pajé, a cantar, com acompanhamento de maracá, e a beber jurema ou fumando; no nome de danças como o careretê ou catira, cururu, toré; de cortejos religiosos como o sairé e de manifestações teatrais, no exemplo do folguedo popular Caiapó; em instrumentos musicais, como as flautas inúbia, de cabocolinhos pernambucanos, a toré, dos Quilombos alagoanos, e um aerofone livre, o zumbidor ou berra-boi, de Recomenda de Almas. A temática indígena de indumentária, que aparece em diversas expressões de teatro, no domínio do chamado folguedo popular, ou de índios isolados de Carnaval, assim como os índios ou os caboclos, que participam da religião mediúnica de aculturação africana, no exemplo do Candomblé de Caboclo, revelam não uma aculturação indígena tupi, mas uma ideologia indianista.

Em nosso folclore, há manifestações aculturadas de africanos sudaneses, representados pelo grupo ioruba e algo jeje de daomé, e angola-congoleses do grupo banto, principalmente. A esse respeito não se deve usar a expressão afro-brasileira porque na realidade da cultura espontânea não existe uma África no Brasil, como também não há um Portugal no Brasil, um tupi no Brasil, um árabe no Brasil etc., mas complexos e traços culturais brasileiros, que revelam essas diferentes aculturações. Historicamente, ao ioruba devemos as histórias de *awon*, a tartaruga africana, que se misturam às indígenas do jabuti, além de outras estórias, mas, em especial, os fundamentos da religião mediúnica denominada candomblé. Os seus orixás ou santos: Oxalá, pai de todos os orixás; Xangô, simbolizado nos raios e tempestades; Iansã, mulher de Xangô, simbolizada nos rios, fontes e lagos; Ogum, o orixá das lutas e guerras e do ferro; Oxóssi, o caçador; Omolu, o deus da varíola e de todas as doenças; Iemanjá, mãe de Ogum, Oxóssi e Xangô, que governa as águas do mar; Ibeji, os gêmeos, orixás-meninos, crianças; Ossaim, a dona da folhagem, dos matos. E o Exu, mensageiro dos orixás, embaixador dos mortais junto aos deuses, espírito de demanda, dono das encruzilhadas. Os chefes religiosos: ialorixá, mãe-de-santo; babalorixá, pai-de-santo; peji-gan, responsável pelo peji, santuário ou altar; axogum, o sacrificador de animais; filhos e filhas-de-santo, que começam sua carreira sacerdotal como iaô até chegarem a ebômim. Há também uma prática mágica, chamada ebó ou despacho, pela qual se afasta Exu da cerimônia religiosa ou pede-se-lhe que interceda junto aos orixás para resolverem problemas dos mortais. Os instrumentos musicais: atabaques rum, rumpi e lê, ilu, as campânulas de ferro agogô, gonguê e adjá e o chocalho afochê.

O africano banto trouxe ao Brasil os seus mitos do Quibungo, cachorrão com bocarra às costas; o Chibamba, assombração que aparece dançando na sua indumentária de folha de bananeira; os Tutus, mais particularmente o Tutu-zambê e o Marambá, bichos-papões de crianças; o Zumbi, um diabinho ou mesmo alma de outro mundo. Trouxe também a religião mediúnica umbanda, quimbanda, com um sacerdote auxiliar que se chama cambone ou cambono ou mucamba, e um santuário ou altar, que se chama gongá ou conga. Nessa religião cantam-se pontos e também se escrevem pontos com a pemba, giz, que são símbolos diversos, hoje também pintados ou bordados. Seus deuses de vivência folclórica brasileira são Zambi ou Nzambi, trazidos através de Angola, e Zambi-ampungu, do Congo, além de Calunga. Zambi é um deus, que pode se identificar com Jesus Cristo. Porque não é um processo de equiparação e sim de identificação, de associação, no processo sincrítico. E Calunga é a deusa do mar, mas também significa o reino da morte e um boneco, que era seu símbolo na África.

Ao angolês devemos a introdução do batuque entre nós e de diversos instrumentos musicais: os tambores tambu, candongueiro, quinjengue, engome, carimbó, caxambu e ainda a cuíca ou puíta, a marimba, o caxixi e a angóia. Conseqüência de sua aculturação, nasceram no Brasil o jogo capoeira, as danças jongo, lundu, samba, manifestações teatrais, no domínio do folguedo popular, como as congadas, moçambique, quilombo, maracatu, maculelê e até as escolas de samba.

ACULTURAÇÃO

Em conseqüência de nosso imenso processo de aculturação, já não se pode falar em origem alienígena deste ou daquele traço ou complexo cultural espontâneo. No Brasil, esses traços e complexos tomaram singular característica ou foram objeto de toda uma nova formulação. Quanto à característica singular, própria, recorde-se a Recomenda de Almas, nosso grupo religioso folclórico de Quaresma, que sabemos procedente de Portugal, através da aculturação portuguesa, mas que possui, entre nós, particularidades que o distinguem do luso-europeu. Iracema França Lopes Corrêa, por exemplo, nas suas pesquisas de Ilhabela, registra uma linda cantoria religiosa, denominada "Martírio", que também se desenvolve, na sua estrutura e expressão musical, de maneira muito diferente da cantoria homônima da Beira-Baixa, Portugal. No que concerne à formulação brasileira, lembre-se a estranheza de Gerhard Kubik, pesquisador de Angola e Congo, da Universidade de Viena, ao encontrar na Bahia a expressão *capoeira angolana*, simplesmente porque este nosso jogo folclórico – jogo, não dança – não existe e nunca existiu em Angola. Cientificamente, portanto, apenas se pode dizer que a capoeira é um jogo brasileiro, de aculturação bantu, revelada, principalmente, na presença do berimbau, se bem que com outras características de toque.

Na base desses exemplos, assim se deve analisar outras modalidades de nosso folclore, ditas e havidas como de origem ou raiz africana, portuguesa e indígena. É possível que encontremos, no Brasil, alguns traços ou complexos culturais espontâneos que, através da análise histórico-comparativa, cheguemos a considerá-los como tendo esta ou aquela procedência original, mas genericamente, a fim de buscarmos a verdade científica, aconselho que estudemos o folclore brasileiro com documentos à mão e dentro do critério da aculturação para podermos dar a nossa palavra final. Sempre tendo em vista que a expressão de cultura espontânea, de folclore brasileiro, é resultante de encontros e trocas de cultura: da Europa, com contribuição oriental, asiática, e também africana de mouros, mais do que especificamente de um teórico Portugal, que sabemos haver sido, historicamente, um corredor cultural europeu; da África, com o grupo banto de angolanos e congoleses que, no processo de aculturação, deixou marcada nossa música e nossa dança, do yoruba – ioruba e não iorubá – e até do jeje dos daomeanos, sudaneses, devendo-se acrescentar as características africanas islamizadas de cultura; da América indígena, principalmente do grupo tupi, a quem devemos o importante complexo da mandioca, que ele recebeu também, na dinâmica da aculturação, do aruaque, se bem que tenhamos muitas expressões de índio que procedem do indianismo ideológico romântico; e, ultimamente, já podemos falar, de maneira mais direta, da Ásia, em conseqüência da aculturação japonesa que se faz sentir em várias regiões do país.

No nosso processo de aculturação observa-se também, tendo por causa a migração interna, uma modificação nos contextos geográficos e mesmo nas chamadas áreas culturais que, para o folclore, acabam perdendo o sentido. Capixabas e paranaenses levam para Rondônia, informa Marcel Jules Thièblot, as suas casas e o seu modo de viver e, nos seus contatos e trocas culturais com o chamado caboclo amazônico, acabam por modificar a cultura espontânea da região. Em São Paulo, há cidades que apresentam acentuada aculturação nordestina e pernambucanos, sergipanos e alagoanos organizam os seus Reisados, que vão tomando vulto, no exemplo do de Alfredo Marcondes, que mereceu tese de mestrado, em Ciências Sociais, da saudosa Zilda Ruiz. Outras ex-alunas, Niomar de Souza Pereira e Mara Públio de Souza Veiga Jardim, observaram e estudaram as pastorinhas, com jornada de Natal, na característica do folguedo popular pastoril, de Alagoas, em plena festa do Divino, em Pirenópolis, Goiás, com a cidade se dividindo entre partidários do cordão azul e do cordão vermelho. O folguedo foi levado à cidade de Pirenópolis por um alagoano há mais de cinqüenta anos. Nas suas pesquisas por Mato Grosso, Julieta de Andrade recebeu informação da existência do berimbau-de-arco, sem cabaça, na Chapada dos Guimarães, e pediu à aluna Martha Haug que fizesse uma entrevista gravada com o tocador desse instrumento e providenciasse um exemplar para o Museu. Essa entrevista comprovou a existência do berimbau-de-arco na região dos garimpos, trazido por baianos, assim como ofereceu ao Museu a possibilidade de obter esse instrumento, que hoje já sabemos bem o que é. Antes tínhamos apenas uma breve e incompleta informação de Caribé, dizendo que ele ocorre no sertão baiano.

Como conseqüência de nossa histórica aculturação, em que sobreleva a contribuição européia latina, africana de banto e de ioruba e do índio tupi, e considerando muitos aspectos da cultura espontânea, registrados e pesquisados, com análise e interpretação, em diferentes pontos do país, já podemos falar em unidade cultural brasileira. Essa unidade cultural observa-se na linguagem folclórica, o falar regional dos lingüistas, e, a propósito, trazemos aqui o testemunho de Serafim da Silva Neto: "A gradação de cores nesse tecido dialetal é quase imperceptível: nota-se apenas no sotaque (pelo qual logo distinguimos o nortista do sulista) e no vocabulário. Este, naturalmente, há de refletir os vários tipos e concepções de vida." E o eminente lingüista conclui: "A grande maioria dos fatos que caracterizam os nosso falares regionais tem âmbito panbrasileiro."

A unidade cultural espontânea do Brasil também pode ser constatada na literatura, considerando a prosa, através da estória, causo ou conto chamado popular, do conto acumulativo ou lenga-lenga, na descrição dos mitos gerais, das lendas dos santos e das orações transmitidas oralmente ou por escrito. Na poesia, com as quadras, quadrinhas ou trovas, a constante da sextilha, oitavas e décimas, os romances, os pés quebrados e até na literatura de cordel, cujas produções se relacionam na estrutura e no assunto com as modas-de-viola. Vejam este conceito de moda-de-viola, do nosso Cornélio Pires, que poderia também explicar a literatura de cordel: "os cantadores de modas são os comentadores de fatos, narradores de brigas, amorosos, melancólicos, fantasistas. Registram, em suma, episódios antigos e recentes e que por aí ficam na boca do povo". Como os nordestinos, os cantadores de modas-de-viola costumavam imprimir suas produções, levando-as para as feiras e logradouros públicos das cidades do interior para vendê-las. O violeiro Palmiro Miranda, de Sorocaba, tem grande produção impressa das suas modinhas, como ele as chama.

A unidade da medicina folclórica, chamada medicina popular, está comprovada na bibliografia e na documentação de pesquisas realizadas por estudiosos de folclore. Recentes estudos de especialistas europeus concluem pela sua predominante aculturação européia latina, inclusive no domínio da utilização terapêutica de muitas plantas consideradas nossas. Este é um assunto que tem sido muito estudado por Julieta de Andrade. Outro tema de pesquisa e estudo da referida pesquisadora é o relacionado à casa do brasileiro, na expressão de cultura espontânea, e em cujas características também podemos verificar uma unidade, com base nos dados atuais que possuímos. O exemplo que trazemos é o da casa de pau-a-pique, barreada, como a chamamos em nossa região, a qual tive ocasião de visitar, muito bem feita, em sítio de Capela do Alto, nas proximidades de Sorocaba. Esta casa é denominada casa de taipa no Nordeste e é conhecida na mesma técnica de levantar paredes com envarado e barro, em Minas Gerais, Goiás, Mato Grosso, Rio Grande do Sul e Rondônia. No Rio Grande do Sul, segundo a professora Lílian Argentina, denomina-se rancho barreado. Outro exemplo de unidade cultural espontânea nas habitações folclóricas é o da casa de trabalho de características provisórias ou não, com cobertura de folha de palmeira. É o tapiri amazônico, carbé do Amapá, latada do Rio Grande do Norte, ramada do Pará, pé-no-chão de Pernambuco, berochão de Mato Grosso; tijupá do Tocantins maranhense; rancho de palha, ramada ou puxada e o rancho de capim no Rio Grande do Sul; rancho do caiçara, o pescador do litoral paulista etc.

Na indumentária, mesmo na chamada veste de baiana, considerada característica do Recôncavo, verificamos uma unidade cultural histórica, comparando-a à veste da mulata de cheiro paraense e da negra-família de São Paulo, ontem e hoje também exemplificada nas dançadeiras do batuque, com umbigada, do Médio Tietê. A roupa de couro, conhecida como sendo do vaqueiro nordestino, nada tem de expressão particular do Nordeste, porque ela se revela numa extensa área brasileira, que começa no norte de Minas Gerais e vai até o Piauí, compreendendo ainda o norte de Mato Grosso e de Goiás, o Rio Branco. Lembre-se ainda que há uma peça de couro, muito importante, na indumentária do peão do Rio Grande do Sul e de Mato Grosso: o avental de lidas campeiras denominado tirador pelo gaúcho e puxador pelo matogrossense. Na pesca, a mesma unidade pode ser observada no domínio da pesca de armadilha, armas, rede etc. O nosso covo, mais comumente um cesto em forma de funil e também na forma de um "v", do qual possuímos vários exemplares no Museu do Folclore, é o jequi do Nordeste ou matapi da Amazônia, sempre com a função de apresar peixes. O arpão, com variantes diversas, é a arma utilizada para fisgar grandes peixes nos maiores rios e no mar. A rede de tresmalho é expressão característica de rios e mares do Brasil e a rede de arrasto, arrastão, designada na Bahia rede de xaréu, define a atividade econômica e cultural espontânea de nossos pescadores. Na modalidade da pesca de barragem ou cercado, lembre-se o curral, cerco ou cercado, presente em muitas regiões litorâneas do país.

A religião, como manifestação de cultura, mesmo quando institucionalizada no contexto de uma cultura erudita, dirigida, se insere no âmbito da cultura espontânea e, com base na nossa documentação, costumamos afirmar que não há religião de sociedade letrada que não possua folclore. No Brasil, porém, caracterizando uma unidade cultural espontânea, deve destacar-se o nosso catolicismo, que eu costumo chamar de catolicismo folclórico e que nada tem de rural ou rústico, simplesmente porque ele pode ser pesquisado nas igrejas de São Paulo e entre os padres de São Francisco, que anualmente promovem a bênção dos animais. Esse catolicismo, que é o verdadeiro catolicismo no Brasil, se bem que muitos sacerdotes não queiram enxergar, tem características semelhantes em todo o país, definindo, portanto, uma unidade cultural espontânea. Mas dentro de nossa teoria de cultura espontânea, observamos a existência, entre nós, de uma religião que se pode explicar e classificar como religião folclórica. É atualmente, na manifestação brasileira de hoje, a religião mediúnica, mais conhecida no binômio umbanda-candomblé, que, possuindo uma unidade cultural espontânea brasileira, comprova a sua realidade nas variantes ou versões de seus centros, terreiros, tendas etc., onde cada chefe religioso imprime uma feição específica e particular, sempre do domínio da aceitação coletiva espontânea, embora haja interessados em dar-lhe a estrutura de uma igreja institucionalizada, como as que constituem expressão de cultura erudita. É verdade que devemos considerar o catolicismo folclórico como uma expressão do folclore do catolicismo apostólico romano, observado não apenas no Brasil, mas em outros países onde existe essa religião, esclarecendo-se ainda que esse nosso folclore católico tem acentuada aculturação européia e que ele existe na Europa de hoje, inclusive na Alemanha. A mesma coisa não se pode dizer de nossa religião mediúnica, na modalidade umbanda-candomblé, na qual a expressão da cultura espontânea, no condicionamento inconsciente, na imitação, na reinterpretação e na aceitação coletiva, é dominante. Em conseqüência, as generalizações que possam se fazer dessa religião, que alcança enorme difusão por todo o país, e para a qual acorrem todas as classes sociais, hoje deixam de ter caráter científico; o que se aconselha é o estudo particular de um ou alguns terreiros, com a aplicação da metodologia eclética do folclore, porque só assim chegaremos a conhecer melhor essa importante expressão da cultura espontânea do Brasil.

Estou procurando mostrar que, com uma orientação diferente da de sociólogos e antropólogos culturais, estudamos e pesquisamos folclore como uma expressão atual e viva, que participa da dinâmica cultural do homem da sociedade letrada. Para nós, se a manifestação de cultura espontânea existe, é porque está viva e tem função e jamais lhe decretamos ou anunciamos a sua morte, aliás nem cogitamos de lhe assinalar o fim, se bem que saibamos que os fenômenos da cultura também possam morrer. Em conseqüência, jamais incidiremos em um erro como cometeu o sociólogo e antropólogo Emílio Willems, ao considerar o mutirão agrícola da região de Cunha, em São Paulo, na década de 40, como em fase de desorganização e desaparecimento. Erro de julgamento, muito comum entre sociólogos quando observam e analisam o folclore, porque esse mutirão foi documentado, através de gravações, em fevereiro e março de 1975 por Sebastião Nery, que constatou sua enorme difusão nos limites de Cunha e Lagoinha, em nosso Estado. Em termos de folclore, a mudança cultural prevista para Cunha, há quarenta anos, por Emilio Willems, acabou não vingando e, como ele viu e apreciou, nós agora podemos ver e apreciar um terno de moçambique, que acabou se chamando congada, talvez por julgarem, seus integrantes, a congada mais importante do que o moçambique. As características do folguedo popular de hoje, claro, são diferentes das do tempo do referido sociólogo e antropólogo, aliás como diferente, na dinâmica cultural espontânea, é toda a problemática de Cunha, documentada e estudada por Zilda Mendes Moreira Rangel.

A análise da atividade e da técnica de certos artesãos, considerados, na teoria sociológica e antropológica cultural e etnológica, como passado no presente de hoje ou sobrevivência, comprova como estamos certos na nossa formulação teórica de cultura espontânea, ao observarmos suas diversas manifestações atuais como funcionais e vivas no mundo de agora. Um ex-aluno, engenheiro Araripe, trouxe-nos a informação de um ferreiro, que no seu artesanato é toda uma expressão de cultura espontânea, a resolver problemas de corte de enxadas e foices, produzidas pela indústria. Conseqüência de um aprendizado informal com outros ferreiros do mato, segundo suas próprias palavras, ele e outros ferreiros folclóricos constituem um exemplo da manifestação de cultura espontânea, corrigindo a tecnologia erudita. Não seria este o único exemplo a se considerar e as pesquisas vão contribuindo para toda uma reformulação em termos de tecnologia. Aliás, a própria tecnologia erudita pode também produzir folclore. É o que justamente foi comprovado em pesquisa a respeito dos utensílios (latas de lixo, corotes, bacias etc.) feitos com a borracha interior dos pneus, a partir de Teresina, no Piauí.

Gostaríamos que compreendessem bem a nossa preocupação única de estudar e pesquisar cultura do Brasil, no domínio da cultura espontânea, a qual, estamos certos, constitui a verdadeira manifestação real e objetiva da nossa feição brasileira. As culturas erudita, popularesca (a chamada popular, defendida como coisa nossa e nem sempre o é) e de massas são culturas dirigidas e de características internacionais; só através da cultura espontânea, não há outro caminho, poderemos saber como é o brasileiro, produto de intensa e profunda aculturação.

MUSEU DE FOLCLORE

Mário de Andrade foi o chefe espiritual das primeiras expedições científicas de folclore brasileiro. Estas expedições realizaram-se em 1937 e 1938, quando era diretor do Departamento de Cultura da Prefeitura Municipal de São Paulo. Nessa época, Mário vivenciava uma nova experiência: a Sociedade de Etnografia e Folclore, fundada em 1937, e que existiu até 1939. O orientador era, então, Lévi-Strauss, na época professor da Faculdade de Filosofia, Ciências e Letras. O núcleo da sociedade nasceu de um curso prático de etnografia e folclore, destinado a formar pesquisadores, destacando-se entre seus alunos Oneyda Alvarenga. Os objetivos da entidade eram orientar, promover e divulgar estudos etnográficos, antropológicos e folclóricos. Essa orientação, porém, concretizou-se, segundo ideal de Mário de Andrade, na pesquisa de campo e, principalmente, no domínio da pesquisa folclórica. Na reunião de 2 de abril de 1937, Dina Strauss, esposa de Lévi-Strauss e etnóloga como ele, secretária da sociedade, sugeriu a elaboração de trabalho para o Congresso Internacional de Folclore, e Mário de Andrade propôs o tema: distribuição do tabu alimentar (superstições e crendices) banana com leite, cura de terçol pelo anel (medicina) e dança, compreendendo coreografias e manifestações de teatro. Essa distribuição seria verificada através de questionários enviados a escolas, funcionários, administradores e particulares. Em outra reunião, Lévi-Strauss aconselha que se pesquisem junto a técnicos de qualquer profissão os termos particulares referentes a essas diversas técnicas. Depois, há menção a uma carta de Emílio Willems pedindo informações a respeito da encomendação de almas, grupo religioso de Quaresma. É decidida a pesquisa de forno de biscoitos, uso do espeto, preferência na alimentação pela farinha de milho ou de mandioca. O aspecto ensino–pesquisa de folclore é a nota predominante da Sociedade de Etnografia e Folclore comprovada especialmente nos seis números de seu *Boletim*, de 1937 e 1938. No primeiro número, a entidade dirige-se aos que desejam realizar "trabalho realmente científico de folclore, cuja natureza ainda não foi aplicada no Brasil". Apela a todos que o lerem que o divulguem "entre as pessoas igualmente esclarecidas e apaixonadas de folclore". O assunto principal dos diferentes números do *Boletim*, secretariado por Dina Lévi-Strauss, era orientar seus leitores para a coleta de dados. Com o título "Instruções de folclore", aparece no primeiro número uma orientação para a referida coleta, dentro de uma comunidade, com a menção à habitação. No segundo, seguem-se as instruções, relacionando mobiliários e disposições internas da habitação, alimentação e bebida, o forno. E, depois, vestuário, transportes, viagens, orientação relativa a informações sobre cruzes e, na sugestão da Exposição dos Ceramistas e Imaginários, cerâmica, além de uma extensa bibliografia estrangeira, principalmente francesa, com larga referência a Saintyves. Há também uma nota, no final, esclarecendo que existe uma rubrica especial reservada ao estudo dos costumes, incluindo os diversos momentos, atos e elementos da vida cotidiana. No *Boletim* n.º 5, mais uma vez a provar a orientação especificamente dirigida ao estudo do folclore, aparece, depois do resumo de palestra feita em reunião da sociedade, outra nota da redação julgando conveniente dar o "significado de termos de técnicas folclóricas: cultura, culturalização (*acculturation*), influências marginais, macumba, pai-de-santo". Enfim, através da leitura das atas e do *Boletim*, e na intenção, nem sempre muito correta cientificamente, de notas como esta última, concluímos que a Sociedade de Etnografia e Folclore teve sua efêmera vida voltada, particularmente, para o folclore, procurando orientar e formar pesquisadores de folclore. E com base nessa orientação foram promovidas pesquisas, mais por coleta de dados e peças, sob os auspícios do Departamento de Cultura, no Nordeste e Norte do Brasil, incumbindo-se da primeira o compositor Camargo Guarnieri, e, da segunda, equipe com assistência diretiva do arquiteto Luís Saia. Essas pesquisas, que constituíram as primeiras expedições científicas de folclore brasileiro, coletaram, principalmente, peças na Bahia e Pernambuco, as quais deram origem a uma exposição na Discoteca Pública Municipal, que Oneyda Alvarenga, sua organizadora e diretora, denominou Museu Folclórico, embora nunca tivesse tido a característica de um museu.

Na realidade, o primeiro museu de folclore, em São Paulo, foi o do Centro de Pesquisas Folclóricas "Mário de Andrade", que fundamos com nossos alunos do Conservatório Dramático e Musical, e que possuía como sede inicial a sala n.º 6 desse estabelecimento de ensino e, depois, a sala 18, bem mais ampla. O Museu Folclórico do Centro de Pesquisas inaugurou-se em 1948 e existiu naquele local até 1953, com as seções de Técnica Popular, Arte Popular, Ciência e Religião, Música e Dança, Brinquedos Populares; ainda nessa época admitíamos a expressão "popular" para definirmos o "folclórico".

Justamente em 1953, em conseqüência da programação de festejos para o IV Centenário de São Paulo, surgiu a oportunidade de se criar um museu de maior amplitude, em nossa cidade. A oportunidade nasceu porque nós, como dirigentes da Comissão Paulista de Folclore, e Renato Almeida, presidente da Comissão Nacional de Folclore, sugerimos à Comissão do IV Centenário a realização de uma Exposição Interamericana de Artes e Técnicas Populares e recebemos os necessários subsídios para a coleta do material. Com a ajuda financeira, doações e empréstimos, as peças de folclore brasileiro e americano foram coletadas pela Comissão Nacional de Folclore e as suas Comissões Estaduais; e as peças referentes ao folclore de São Paulo, pela Comissão Paulista de Folclore e o Centro de Pesquisas Folclóricas "Mário de Andrade". A exposição foi aberta ao público a 10 de setembro de 1954, sob a marquise do Parque Ibirapuera, tendo supervisionado sua organização Oswald de Andrade Filho; a direção geral coube a nós, assessorados por alguns membros da Comissão Paulista de Folclore. Além dos Estados do Amazonas, Bahia, Ceará, Espírito Santo, Goiás, Minas Gerais, Pará, Paraná, Pernambuco, Rio de Janeiro, Santa Catarina e Sergipe, participaram da mostra, alguns com peças doadas ou emprestadas, o Canadá, a Colômbia, o Haiti, o Uruguai, o Paraguai e a Venezuela.

Encerrada a Exposição Interamericana de Artes e Técnicas Populares, continuaram expostas, no Ibirapuera, as peças de folclore brasileiro até que foram transferidas para o Pavilhão "Governador Garcez", onde foi organizada, sob a direção de Ernani da Silva Bruno e Mário Neme, além de representantes da Comissão Paulista de Folclore e do Centro de Pesquisas Folclóricas "Mário de Andrade", a Exposição de Artes e Técnicas Populares. Então, o material foi distribuído em áreas culturais e, a seguir, por estados.

Dessa maneira, pouco a pouco, partindo do Museu Folclórico do Centro de Pesquisas, surgiu o Museu de Folclore, que pertence à Associação Brasileira de Folclore, e que foi inaugurado a 22 de agosto de 1961, com o nome de Museu de Artes e Técnicas Populares, no primeiro e segundo andares do Pavilhão "Governador Garcez", Parque Ibirapuera. Para sua estruturação inicial, a Associação Brasileira de Folclore recebeu ajuda financeira da Campanha de Defesa do Folclore Brasileiro, do MEC.

O Museu de Folclore está programado no esquema de complexos culturais espontâneos. Esses complexos culturais espontâneos compreendem as manifestações folclóricas, que definem e caracterizam o homem na sua existência, dentro da sociedade letrada, e devem revelar, para serem incluídas no Museu de Folclore, uma existência atual, porque este não se orienta para a história do folclore.

Os complexos culturais espontâneos constituem a Linguagem, Usos e Costumes, Superstições e Crendices, Medicina, Literatura, Casa, Indumentária, Comidas e Bebidas, Coleta e Atividades Extrativas, Agricultura, Caça e Pesca, Pecuária, Avicultura, Transportes, Religião, Festas, Rodas e Jogos, Danças, Teatro (folguedos populares), Música, Arte, Artesanato. Estes diferentes temas estão analisados na obra *Escola de folclore**. Na exposição do Museu de Folclore, da Associação Brasileira de Folclore, as peças estão assim apresentadas:

Casa de moradia e casa de trabalho

Como todas as peças do Museu de Folclore, que nunca apresenta miniaturas, a casa de moradia tem as dimensões normais e foi construída, dentro da exposição**, na técnica de pau-a-pique e barro, conhecida no Nordeste como casa de taipa. Tem o modelo da casa do vaqueiro cearense, com cobertura de sapé no tipo costela, que corresponde a duas águas e extensa cumeeira. Para facilitar sua visão interior, fizemos uma grande abertura na parede lateral. Tem cozinha e dois quartos. Dentro e ao lado da casa há esteiras de bambu, que funcionam como divisão e porta no Piauí e no sul do Pará. Para se ter uma idéia do adobe, apresentamos exemplares, recolhidos na Bahia, Mato Grosso, Piauí, se bem que as casas de adobe sejam também construídas em Goiás.

As casas de trabalho são representadas pelo tapiri do seringueiro, habitação de duas águas, ao rés do chão, e pelo rancho de pesca do caiçara do litoral paulista.

Acessórios caseiros

Redes de algodão, caroá, buriti, taboa (pronuncia-se tabôa), palha de milho de diversas regiões do Brasil; cadeiras com assento trançado de taboa ou piri e de palha de milho, esteiras de taboa e

---

* *Escola de folclore, Brasil: estudo e pesquisa de cultura espontânea*, de Rossini Tavares de Lima e Julieta de Andrade, São Paulo, Editorial Livramento, 1979; 2.ª ed. 1983.
** Com a mudança da sede do Museu, esta casa foi demolida.

piri e de babaçu, de São Paulo e Pará; bancos chamados tripeça, fogão de taboa de caixote e barro, oratório ou santuário, mala ou canastra, lampiões de nosso Estado, Ceará, Minas Gerais, Maranhão, Piauí, Pará; mosquiteiro de rede, originário do Pará; banco feito de osso de baleia, do Rio de Janeiro.

Utensílios domésticos

Vários tipos de colheres de pau; pilões e mãos de pilão para triturar ou pilar café, milho, alho ou pequenas sementes; gamelas, bacias de madeiras de diversas serventias: lavar pratos e talheres, transportar roupa lavada e até para banho em crianças; latas de lixo e bacias feitas de pneu, que começam a ser usados em diversos pontos do país; cabaças para guardar água e cuias para beber; táboa de bater carne, corotes para água ou pinga; potes, panelas, cuscuzeiros de barro etc., de São Paulo, Minas Gerais, Mato Grosso, Rio Grande do Sul, Bahia, Pernambuco, Sergipe, Piauí, Ceará, Maranhão, Pará, Amazonas, Espírito Santo, Santa Catarina.

Indumentária

Peças de indumentária da baiana, que se relacionam às da mulata paraense e até da negra-família, e participantes do batuque do Médio Tietê, em São Paulo; do vaqueiro nordestino, que também se vê a partir do norte de Minas Gerais, incluindo norte de Goiás e de Mato Grosso; do gaúcho, na qual se revela a aculturação paulista através da antiga veste do nosso tropeiro.

Há também indumentárias de orixás da religião umbanda-candomblé e de integrantes de folguedos populares, além da caroça ou carocha, capa de chuva feita de fibra de buriti, do norte de Minas Gerais e Goiás. No domínio das vestes incluem-se os ornamentos, classificados na parte relativa à bijuteria: colares, brincos, anéis, lenços de diferentes materiais, de procedência mineira, capixaba e paulista; e, na perfumaria, os cheiros paraenses.

Comidas e bebidas

O Museu possui boa documentação sobre comidas e bebidas atuais do Brasil. No mostruário, em exposição, apresenta o pão jacaré, tão conhecido dos nordestinos, os alfenins figurativos de Goiás, escultura em massa de pastel do Rio de Janeiro, doces de mamão verde com desenhos, bebidas na base de pinga ou cachaça, inclusive a pinga com içá ou tanajura, do interior de São Paulo, e a tiquira do Maranhão e Piauí, além do pau para fazer chocolate e guaraná, do Pará e Mato Grosso.

Coleta e atividades extrativas

Instrumentos de trabalho e matéria-prima do garimpeiro, seringueiro e artesão de cera de carnaúba. A parte relacionada a garimpo de diamantes é resultado de pesquisa, com observação participante de Julieta de Andrade em Água Fria, Mato Grosso. No que se refere ao seringueiro, os dados foram levantados por Marcel Thiéblot, em Rondônia. Quanto à cera de carnaúba, também o material e as informações procedem de pesquisa de Julieta de Andrade, no Estado do Piauí. Há também a peia, arreio ou aparelho, usada pelo apanhador de coco no Nordeste.

Caça e pesca

Armadilhas para caçar tatu, em São Paulo, Piauí e Rio Grande do Sul; para caçar aves e passarinhos, no interior paulista; bodoque, arco usado para atirar bolas de barro endurecido; estilingues, feitos na forquilha de galho de árvore; espingarda pica-pau, com cano de antena de televisão, usada normalmente como arma de caça, em São Paulo e em outras regiões brasileiras. No domínio da caça, incluem-se os pios, com exemplares paulistas e paraibanos. A pesca é representada pelo rancho do caiçara, onde se acham redes de arrasto ou arrastão, tarrafas, covos, puçás, espinhel, bóias de cabaça etc., de São Paulo, Santa Catarina e Pará.

Pecuária

Na pecuária relacionam-se as peças que testemunham o relacionamento do homem brasileiro com os animais. Neste setor, acham-se as selas ou arreios de São Paulo, Ceará e Ilha de Marajó; baixeiros e pelegos do Rio Grande do Sul; rédeas, cabrestos, chicotes, peias, laços, bruaca, cangalha, cambito para carga, do Rio Grande do Sul, Goiás, Bahia, Piauí e interior paulista.

Avicultura

O Museu tem uma coleção de gaiolas de taquara ou bambu, procedentes principalmente do litoral de São Paulo. As formas são as mais diversas, havendo até as que se parecem a igrejinhas. Há também o jacá de frangos, no qual as aves são levadas e apresentadas à venda no mercado ou feira de Minas Gerais e Pernambuco (garajau) e ninho de galinha botar ovo, do Estado do Rio de Janeiro.

Agricultura

Como conseqüência das pesquisas realizadas por membros da sua equipe, o Museu apresenta alguns exemplares de peças relativas a este setor. Já há exemplares da manguara ou cambão, instrumento de trabalho com o qual se bate o feijão para debulhá-lo. Outros instrumentos agrícolas de expressão folclórica estão sendo adquiridos, dentre os quais o arado de rabiças, que estava em uso num sítio de Capela do Alto, São Paulo, e instrumentos de espalhar café no terreiro e cortar e desbastar a cana-de-açúcar, também do interior paulista.

Transporte

Entre os meios de transporte, o Museu possui, em exposição, dois carros-de-bois, um de Sorocaba e outro do Estado do Espírito Santo. Longe do que se poderá imaginar, o carro-de-bois é muito utilizado nos serviços rurais do país, podendo ser encontrado em diversas regiões e, portanto, é uma expressão folclórica atual. No setor dos transportes marítimos e fluviais, há uma jangada procedente do Ceará, com todos os seus pertences; dois batelões ou catraias, impulsionadas com varejões e remos, originários de Ubatuba e Ilhabela, São Paulo, e uma canoa de mar, vela e remos de Santa Catarina; uma carretela, carro-de-bois de rodas raiadas, em Itobi, São Paulo, e a balsa chamada macaco, do rio Parnaíba, Piauí.

Religião

A expressão folclórica pode ser constatada em todas as religiões. No Brasil, porém, ressalta-se essa expressão no catolicismo folclórico e nas religiões mediúnicas da modalidade umbanda-candomblé. Estas podem mesmo ser consideradas folclóricas, manifestação de cultura espontânea, no seu todo. Do catolicismo folclórico há exemplos no cruzeiro ou santa-cruz de beira de estrada ou dos caminhos, em que se depositam pedras e se jogam as imagens quebradas; nas cruzes ornamentadas de papel, que se colocam nas paredes das casas, para livrá-las de malefícios; nos ex-votos ou promessas que se costumam levar às salas de milagres ou aos próprios cruzeiros, com a finalidade de agradecer ou solicitar uma graça ao santo de devoção; vestes de orixás ou santos, com as quais se apresentam sacerdotes e sacerdotisas, quando recebem mediunicamente referidos orixás ou santos; gongá ou altar, onde se acham imagens de santos católicos, reverenciados como orixás, imagens dos próprios orixás e instrumentos de características religiosas e mágicas. Lembrem-se, ainda, na parte relacionada à religião, as bandeiras e estandartes de santos católicos, e o *sairé* do cortejo religioso homônimo. As diferentes peças são resultantes de coleta realizada no Estado de São Paulo, Minas Gerais, Bahia, Alagoas, Paraíba, Ceará, Piauí, Amazonas e Pará.

Superstições e crendices – medicina

Superstições e crendices compreende o que presta ou se deve fazer ou dizer e também o que não presta ou não se deve fazer ou dizer ou então objetos e sinais de boa ou má sorte. No mostruário relativo ao tema, há um exemplar da chamada maçã, pedra de bucho ou bola de boi, que constitui o mais poderoso amuleto de boa sorte do folclore brasileiro; pedaço do couro do lobo ou guará, que o homem deve guardar na carteira para atrair mulheres; pé-de-coelho, que dá sorte para brasileiros assim como para americanos; coleção de figas de guiné de procedência baiana. Quanto à medicina popular, colar de espinhos de ouriço, usado contra a bronquite; garrafadas para diversos fins.

Festas

Do carnaval, primeira festa cíclica anual, há máscaras, particularmente do litoral paulista, e os gigantões de Catanduva. A Semana Santa ou Páscoa, segunda festa cíclica, é representada por uma coleção de palmas bentas trançadas, de vários pontos do interior paulista. O ciclo de maio revela-se pelo seu traço mais característico, que são as cruzes postadas nas paredes das casas. São João, com ciclo de 12 a 29 de junho, apresenta-se com seus mastros e bandeiras, embora estes também sejam característicos de outras festas de santos. O ciclo do Natal, de 24 de dezembro a 6 de janeiro, tem sua presença revelada na bandeira, nas coroas e nas máscaras de palhaços das folias e festas de Reis. As festas também podem ser fixas e móveis; entre as que se situam, por vezes, como fixas e outras como móveis, destaca-se a do Divino. O Museu tem um mostruário com os remos de irmãos do Divino de Piracicaba, Tietê e Capela de São Sebastião (Laranjal Paulista), e algumas peças de sua indumentária, além de uma bandeira procedente de Mogi das Cruzes e coroas de Ubatuba e São Luís, Maranhão.

Teatro – folguedos populares

O teatro compreende os folguedos populares, manifestações folclóricas que têm elemento espetacular, revelado no cortejo em desfile ou numa representação dramática. Exemplares de folguedos populares: bois do Amazonas, Maranhão, Pará e São Paulo; o urso do Urso de Carnaval de Recife; a bernúncia do Boi-de-mamão catarinense; o Jaraguá do folguedo denominado Jaraguá no Estado do Rio de Janeiro; vestes de participantes, de Pássaros, Pará, do Guerreiro alagoano, Caboclinhos do Serro, Minas Gerais, Reisada de Alfredo Marcondes, São Paulo, da Cavalhada de Franca, São Paulo e da Contradança dos Mascarados de Cáceres, Mato Grosso. Apenas na característica de teatro, o museu apresenta fantoches, João Redondo ou babau, mamulengo de São Paulo, Paraíba e Pernambuco.

Instrumentos musicais

O Museu possui importante coleção de instrumentos musicais folclóricos brasileiros. Na categoria dos idiofones, cujo som é obtido pela vibração de todo o corpo instrumental, destaquem-se dentre os raspados o reco-reco de cabaça comprida da Dança de Santa Cruz, da Aldeia de Carapicuíba, São Paulo, e o caracaxá ou marimba de guerra, reco-reco também feito em uma cabaça comprida, dos congos da cidade de Goiás, Goiás; idiofones sacudidos, pernengome de moçambique do Vale do Paraíba. No domínio dos membramofones, com som obtido pela vibração de membrana ou couro distendidos, temos, na modalidade de tambor cilíndrico, os tambus de jongo e batuque do Vale do Paraíba e de Tietê, São Paulo, o tambor do carimbó do Pará e candongueiro de jongo, do Vale do Paraíba, São Paulo; tambor cônico: atabaques de candomblé baiano; tambor de suporte: quinjengue de batuque de Tietê, São Paulo. Dos aerofones, nos quais se incluem os instrumentos de sopro, há exemplares de pifes do zabumba ou cabaçal de Pernambuco, e um aerofone livre: zumbidor ou berra-boi de Recomenda de Almas de Franca, São Paulo. São também incluídos entre os instrumentos de sopro os apitos ou assovios, feitos de barro, como os de Tiradentes, Minas Gerais, e os pios de caça de diversas regiões brasileiras. Os instrumentos de corda podem ser de corda dedilhada, como as violas do interior paulista, e o cocho ou a viola de cocho de Mato Grosso, característico dessa região; corda friccionada: rebecas do litoral paulista; corda golpeada: berimbau de arco e cabaça, usado na capoeira e feito em São Paulo; berimbau de arco, sem cabaça, tocado com a boca entreaberta, de Chapada dos Guimarães, Mato Grosso.

Máquinas e ferramentas

Peças utilizadas para a produção da farinha de mandioca, em São Paulo e outras regiões brasileiras, tipitis na forma de canudos da Amazônia, Espírito Santo, Goiás, Mato Grosso, Piauí; na forma de cestas, das redondezas da Capital, São Paulo, do litoral paulista e de Santa Catarina. Prensa dupla procedente do bairro de Parelheiros, Capital, São Paulo. Monjolos de água e acionados com o pé do interior sul de São Paulo. Engenhocas de tração animal (monjolo de meia-lua, na modalidade de um engenho de quatro pilões) e manual, teares de pedal e manuais para fazer colchas, redes, cochonilhos, esteiras, do interior paulista e de Pernambuco. Roda d'água, que produzia eletricidade no sítio de Moinho Velho, em Piedade, São Paulo. Máquina de consertar pneu, adquirida em Teresina, Piauí.

Arte

Todo objeto sem fim utilitário imediato e com predomínio de uma expressão decorativa constitui arte folclórica, se bem que o próprio objeto com finalidade utilitária imediata, no caso classificado dentro do artesanato, possa apresentar elementos decorativos e, portanto, arte. A arte folclórica pode ser apreciada nas carrancas de proa dos barcos do rio São Francisco, nos ex-votos ou milagres esculpidos na madeira e nas pinturas de quadros; nas esculturas diversas em barro, madeira, guaraná, balata, de São Paulo, Mato Grosso, Goiás, Bahia, Sergipe, Pernambuco, Ceará, Pará e Amazonas; nas máscaras e mascarados (gigantões) de carnaval no litoral paulista, de Pindamonhangaba e Catanduva, São Paulo, Pirenópolis, Goiás, de cavalhadas de Franca e Guararema, São Paulo; nas pinturas de artistas folclóricas, feitas em quadros, nas bandeiras de santo e até nos mastros, São Paulo, nos desenhos em xilogravura do Nordeste.

Artesanato

O artesanato, caracterizado por todo objeto feito à mão por uma pessoa ou pequeno grupo de pessoas, usando instrumentos de trabalho muito simples, pode ser erudito, popularesco e folclórico. Este é um esclarecimento importante, para que não se incluam no artesanato folclórico objetos que nada têm que ver com ele. Observe-se ainda que o artesanato folclórico tem uma finalidade utilitária imediata e esta finalidade no objeto folclórico deve ser constatada na característica de aceitação coletiva espontânea do próprio grupo social em que é produzido. Todas as peças do Museu que não estão no domínio da arte constituem artesanato folclórico: casa de pau-a-pique, meios de transporte, tráfico da casa de farinha, cerâmica utilitária, cestaria, funilaria, peças de couro, chifre, madeira, colares diversos, brinquedos.

CONSCIENTIZAÇÃO

A década de 40 teve muitas entidades que se propuseram à coleta e ao estudo do folclore brasileiro, raramente concretizando seus ideais. Entre estas, em 1941, a Sociedade Brasileira de Folclore, apenas um rótulo através do qual Luiz da Câmara Cascudo desenvolveu sua atividade de escritor, no fundamento do folclore. Aliás, recordar que ele dizia, em junho de 1941: "do Amazonas até a Bahia as associações para o estudo da nossa demopsicologia (título que gostava de usar) começam a organizar-se, sob os auspícios mais altos e eficazes" (no que não concordamos, porque os auspícios, na generalidade, nem eram altos e muito menos eficazes). Mas sua Sociedade, além do trabalho pessoal do escritor e dos elementos de outras regiões do país, que recebiam títulos de associados, nada realizou no domínio da pesquisa ou mesmo da mera coleta folclórica.

No correr do decênio outras entidades surgiram, no exemplo da Comissão de Folclore, do Rio de Janeiro; Sociedade Sergipana de Folclore, em Aracaju; Pequeno Centro de Estudos Folclóricos, em Salvador, que quase nada fizeram de prático, podendo-se dizer que morreram no nascedouro. Apenas a Sociedade Brasileira de Folclore continuou a figurar nos registros, em função de seu fundador e presidente, Luiz da Câmara Cascudo, se bem que ele reafirmasse, em 1948, que "a sede ficou sendo a minha casa; a biblioteca era também a que possuo".

Para simples referência, relacionam-se também, em São Paulo, duas organizações de vida efêmera ou fictícia: a Sociedade de História e Folclore de Taubaté e o Centro de Folclore de Piracicaba. A de Taubaté, fundada em 1948, tem sua existência comprovada apenas pela publicação de uma pequena crônica sobre "As breganhas de relógios de Taubaté", de Gentil de Camargo, um dos maiores conhecedores do folclore do Vale do Paraíba, que acabou publicando pouca coisa desse folclore. O centro de Piracicaba, com edital de fundação divulgado em 1946, teve como objetivo principal organizar festas, com grupos folclóricos locais, e sua atividade é muito semelhante à da Sociedade de Luiz da Câmara Cascudo, arregimentando associados e solicitando livros para a biblioteca, que é justamente a de seu fundador.

No quadro do estudo e da pesquisa do folclore brasileiro, apenas três associações, na verdade, merecem especial menção no decênio de 40: o Centro de Pesquisas Folclóricas, da Escola Nacional de Música, no Rio de Janeiro; o Centro de Pesquisas Folclóricas, do Conservatório Dramático e Musical de São Paulo; e a Comissão Nacional de Folclore do IBECC, Instituto Brasileiro de Educação, Ciência e Cultura, com suas Comissões Estaduais de Folclore. E as três partiram de um tronco de orientação e estímulo, que foi a *História da música brasileira*, 2.ª edição, publicada por Renato Almeida, em 1942, à qual na parte referente a cantigas do Brasil, cantos religiosos e fetichistas, danças brasileiras, danças dramáticas e bailados populares, constituiu-se no primeiro trabalho mais importante da década, a revelar estudo e pesquisa, além de extensa bibliografia. Mário de Andrade, no jornal *Planalto*, aplaudiu a obra "rara, de uma paciência pesquisadora extraordinária entre nós"; destacou-lhe a "documentação valiosíssima, não só pelos cantos que recolheu, mas especialmente pelo esforço de definição dos gêneros e formas musicais permanentes do povo do Brasil".

No mesmo ano da *História da música brasileira*, começam os trabalhos de coleta da cadeira de Folclore Nacional, na Escola Nacional de Música, sob a direção de Luís Heitor Corrêa de Azevedo. Em 1943, surge nessa Escola um Centro de Pesquisas Folclóricas para coletar música folclórica, por meio de gravações e outros meios. Anteriormente, Luís Heitor, com a colaboração de Renato Almeida, coletara folclore goiano, gravando congo, dança dos tapuios, catiras, lundu baiano, modas-de-viola etc. A provar o interesse de Renato Almeida pela pesquisa de campo, recorda-se que se lhe deve todo o texto falado desses congos, de Goiás, cujas falas lhe foram ditadas pelo rei Silvestre da Costa Santos. A atividade seguinte do Centro de Pesquisas Folclóricas desenvolveu-se no Ceará, através do registro de baiões, benditos, toadas de xangô, boi-de-reis, cana-verde, congos, fandango, maracatu, coco, emboladas e cantorias. Em 1944, em Minas Gerais, documentando-se caboclinhos, catopés, folia do Divino, marujada, pastorinhas, lundus, vissungos, modinhas; em 1946, no Rio Grande do Sul, com gravações de bandeira de santo, moçambique, terno-de-reis, batuque (cerimônia religiosa de aculturação africana), canções, cantigas infantis, cantos de porfias, havanera, mazurca, rancheira, chote. Nesse Estado, Luís Heitor teve a assessoria de Ênio de Freitas e Castro.

Infelizmente, toda essa documentação gravada, da qual se publicaram cadernos, com diferentes esclarecimentos, em 1950, 1953, 1956 e 1959, continua até hoje nos arquivos da Escola Nacional de Música. E a propósito escreveu Luís Heitor Corrêa de Azevedo, na introdução do caderno de 1959: "É possível que a publicação de um catálogo desses documentos sonoros ainda venha a ser empreendida um dia; até hoje não se cogitou do assunto." Isso, apesar de que "o maior inimigo, como o de todas as coleções desse gênero, é o tempo, responsável pelo deterioramento progressivo do material empregado". Tudo faz crer que essa é mais uma documentação folclórica brasileira, que já se pode considerar perdida, se bem que esteja em uma instituição da Universidade do Brasil.

Em 1943, fomos chamados a exercer as funções de assistente de Mário de Andrade, na cadeira de História da Música, do Conserva-

·tório Dramático e Musical de São Paulo; em 1944, assumimos a cadeira de Folclore Nacional, dando início ao trabalho de coleta e estudo do folclore do Estado de São Paulo e, de acordo com as possibilidades, de outras regiões brasileiras. Em 1945, editamos o caderno "Nótulas de pesquisas de folclore musical", com uma porção de dados levantados, por meio do registro direto, não-mecânico, pois não havia gravador. De qualquer maneira, divulgamos informações relativas a caiapó, congada, moçambique, cirandinha (dança de adultos) e a dança de Santa Cruz, com razoável documentação musical. Nesse mesmo ano, pensamos na possibilidade da fundação do Centro de Pesquisas Folclóricas "Mário de Andrade", com alunos e ex-alunos, o qual teve vida efetiva, a partir de 1946, quando foi enviado aos grupos escolares, com autorização do Departamento de Educação, questionário de rodas infantis, adivinhas, quadrinhas, estórias, travalínguas.

Em fins de 1946, o Centro de Pesquisas "Mário de Andrade" publicou um caderno, com referências a fatos musicais, recolhidos pelos alunos de 1945. Destaquem-se, nesse caderno, esclarecimentos sobre a variante do bumba-meu-boi, em Parnaíba, Piauí, e de Princesa, em Pernambuco; embaixada de congada, em Nepomuceno, Minas Gerais, com versão da Nau Catarineta; versos de Folia de Reis da mesma localidade mineira. Em 1947, outro caderno foi impresso, com registros de alunos de 1946, relativos à chula e cateretê baianos, dança de São Gonçalo mineira e dança de Velhos, no Estado do Rio de Janeiro etc. Ainda nesse ano, sob os auspícios do Departamento Estadual de Informações e por sugestão de Péricles Eugênio da Silva Ramos, diretor da Divisão de Turismo e Expansão Cultural, publicou-se o caderno "Poesias e adivinhas", apresentando coleções de quadrinhas, de adivinhas, além de poesias avulsas, recolhidas por nós e por nossos alunos. Por essa época também o Centro de Pesquisas "Mário de Andrade" pediu a colaboração da imprensa paulista, na realização de um inquérito de mitos conhecidos no Estado de São Paulo, através da publicação de questionário, que incluía duas perguntas, depois de relacionar os mitos de que se tinha conhecimento, pela bibliografia e outras informações. As perguntas eram: *que é* e *o que faz*. A aplicação desse questionário ofereceu um quadro provável de trinta e três mitos, com numerosas variantes, e entre estes o da Mãe do Ouro, Porca dos Sete Leitões, Curupira, Caipora, Boitatá, Pisadera, Negrinho do Pastoreio, Chibamba, Cresce-míngua, Pilão de Fogo etc. Em 1948, em separata da *Revista do Arquivo Municipal*, com o título "Folclore nacional", o Centro de Pesquisas "Mário de Andrade" publicou o resultado do inquérito, seguido de comunicação nossa relativa à congada, em Piracaia; de aluna, sobre a antiga congada de Sorocaba; ex-aluna de Mário de Andrade, dados da congada de São Tomás de Aquino, em Minas Gerais; e outra aluna, informação referente à Folia de Reis, em Guaxupé, Minas Gerais.

Em 1948 foi fundado o Museu Folclórico, do Centro de Pesquisas Folclóricas "Mário de Andrade", com sede em uma das salas do Conservatório Dramático e Musical de São Paulo. Sua diretora, na qualidade de aluna, era Julieta de Andrade.

O Museu Folclórico, inaugurado a 20 de novembro de 1948, reunia cerca de mil peças, divididas nas seções de técnica popular, arte popular, ciência e religião, música e dança, brinquedos populares. Aí houve a primeira mostra de cerâmica figurativa do Vale do Paraíba, São Paulo, que começava a ser estudada; coleção de peças recolhidas em sessão de terreiro, em São Paulo. Possuía instrumentos musicais do batuque e do jongo etc. etc. Posteriormente, o acervo do Museu Folclórico incluiu-se na Exposição Interamericana de Artes e Técnicas Populares, comemorativa do quarto centenário de São Paulo, que serviu de base ao Museu de Artes e Técnicas Populares, hoje Museu de Folclore.

Em 1948 o Centro de Pesquisas "Mário de Andrade" promoveu um inquérito sobre festas religiosas, fixas e móveis, do Estado de São Paulo, enviando questionário a prefeitos e diretores de grupos escolares, acompanhado de carta pessoal de nossos alunos. Dessa maneira, procedeu-se razoável levantamento das festas, o que permitiu o desenvolvimento das pesquisas diretas, de maior amplitude e referentes a rodas dorme-nenês, romances, pregões, gestos, ditados, apelidos, lemas de pára-choques de caminhões, travalínguas, parlendas, fórmulas de escolha, fórmulas para terminar histórias e pular corda, contos acumulativos, lendas, histórias, anedotas, tecelagem, cestaria, cerâmica, trançados de couro etc.

Tal foi a importância da atividade desenvolvida pelo Centro de Pesquisas Folclóricas "Mário de Andrade", nos seus sete anos de existência, que esta repercutiu fora de São Paulo e até mesmo no exterior. Lembre-se artigo de Augusto Meyer, publicado no *Correio da Manhã*, de 22 de maio de 1949, com o título "Sob o signo do jabuti". O jabuti era o símbolo do Centro de Pesquisa, e no artigo Augusto Meyer faz uma longa análise de nossa documentação relacionada a mitos em São Paulo. Elogiando a documentação, dizia ele: "estamos longe do folclorismo vago e literário, sem fincar pé na pesquisa direta".

Recordem-se também as palavras de Donald Pierson, principal responsável pelo livro *Cruz das Almas*, importante estudo e pesquisa sociológica e folclórica, realizada em nossa Araçariguama: "todos os pesquisadores que, como eu, têm interesse vivo em conhecer melhor as sociedades culturais deste vasto país, são gratos pela valiosa tarefa em que o Centro de Pesquisas Folclóricas 'Mário de Andrade' está empenhado".

No Conservatório Dramático e Musical de São Paulo, sede do Centro de Pesquisas "Mário de Andrade", instalou-se, em 1948, a Comissão Paulista de Folclore, subcomissão da Comissão Nacional de Folclore do IBECC, criada por Renato Almeida, o folclorista brasileiro de maior projeção, no decênio de 40. A partir dessa época, passamos a dirigir a nova entidade, inicialmente mais na base de alunos e ex-alunos. Em 1949, sob os auspícios da Comissão Nacional de Folclore, promovemos a II Semana de Folclore – a primeira havia sido realizada no Rio de Janeiro, no ano anterior –, e aí apresentamos documentos de música folclórica, recolhidos e interpretados pelos alunos, além de programarmos conferências sobre diferentes temas de nosso folclore. Na sessão inaugural da Semana Nacional de Folclore, em São Paulo, disse Renato Almeida estas palavras, que merecem ser evocadas, porque revelam uma diretriz de orientação ainda atualíssima: "O folclore não é apenas um estudo de gabinete, mas ciência de campo, entre nós, sobretudo, onde a colheita é pequena, esparsa é ainda sem sistemática no plano nacional." Já o nosso grande Amadeu Amaral nos prevenia dos dois maiores defeitos que perturbam o folclore brasileiro. De um lado o que chamou de excesso de teorizações imaginosas e precoces; do outro, excesso de diletantismo erudito, com todos os preconceitos que lhe são correlatos. E apontou o caminho certo: "estudar esses assuntos com um pouco menos de imaginação e sentimento e um pouco mais de objetividade, menos literatura e mais documentação".

Constituída a Comissão Nacional do Folclore, do IBECC, o próprio Renato Almeida, seu idealizador e estruturador, passou a cuidar da organização das Comissões Estaduais de Folclore, percorrendo, com esse objetivo, todo o país. Em conseqüência, ainda na década de 40, começam a aparecer resultados, no campo da pesquisa, em Alagoas, com Théo Brandão; no Amazonas, Mario Ypiranga Monteiro; Ceará, Florival Seraine; Espírito Santo, Guilherme Santos Neves; Goiás, Regina Lacerda; Minas Gerais, Aires da Mata Machado Filho; Paraná, Loureiro Fernandes; Rio Grande do Sul, Dante de Laytano; Rio Grande do Norte, Veríssimo de Melo; Santa Catarina, Osvaldo Cabral. Em 1949, a Subcomissão Catarinense do Folclore edita seu *Boletim Trimestral*, inicialmente mimeografado, o qual se transformaria em uma das mais sérias publicações de folclore. Nesse mesmo ano, a Subcomissão do Espírito Santo publicou três números do seu *Boletim*, com numerosas informações inéditas sobre o folclore capixaba. Graças a coordenação, estímulo e orientação da Comissão Nacional de Folclore e, particularmente, de Renato Almeida, abriam-se novos horizontes para o estudo e a pesquisa de folclore, no Brasil.

O decênio de 40 também é o da instituição do primeiro e mais importante concurso de folclore de nosso país, idealizado por Oneyda Alvarenga, na Discoteca Pública Municipal da Prefeitura de São Paulo. Começou, em 1946, como "Concurso de Monografias sobre Folclore Musical Brasileiro", ampliado, depois, para monografias de qualquer aspecto de nosso folclore. O objetivo era incentivar os estudos de folclore, criando uma bibliografia relativa ao assunto. Venceu o primeiro concurso o médico e folclorista José Nascimento de Almeida Prado, saudoso colega da Comissão Paulista do Folclore, com "Trabalhos fúnebres da roça", bom estudo da agonia, morte e guardamento do defunto, no sul paulista. Ele mesmo recebeu o terceiro prêmio, com "Cantadores paulistas de porfia ou desafio", e, no ano seguinte, obteve o segundo prêmio, com "Baile pastoril no sertão da Bahia". Em 1948, quem venceu foi Gioconda Mussolini, apresentando o trabalho "Os pasquins do litoral norte de São Paulo", em 1949, o primeiro prêmio foi dado à pesquisa "O reisado alagoano", de Théo Brandão. Entre os demais folcloristas premiados, dentro da década de 40, destacamos os nomes de Aluísio de Almeida, pseudônimo do cônego Luís Castanho de Almeida, de Sorocaba, o de Veríssimo de Melo, do Rio Grande do Norte. Em 1947, e o prêmio foi do sociólogo Otávio da Costa Eduardo, que, como Gioconda Mussolini, nunca, na realidade, se interessou por folclore, a não ser para fazer um trabalho e ganhar um prêmio. Aliás, foi o que ocorreu com outros premiados que, depois do prêmio, nada mais fizeram nos domínios do folclore.

Já temos comentado que Roger Bastide nada fez de bom para o estudo e pesquisa do folclore brasileiro. Isso porque, na obsessão de teorizar, em função de esquema preestabelecido, acabava deformando tudo. É bom lembrar, porém, que, quando era professor da Faculdade de Filosofia, Ciências e Letras, na década de 40, tinha-se esperanças de sua atuação em prol do estudo e da pesquisa. Nesse período, costumava trocar idéias com folcloristas e até sugeria aos seus alunos que os procurassem para orientação. Recordamos o contato que mantivemos com sua ex-aluna, Lavínia da Costa Raymond, em 1945, quando esta fazia revisão de sua tese de doutoramento, em Ciências Sociais, sobre tema que envolvia coleta de dados de batuque, congada, moçambique e jongo. Ela mesma se refere à troca de idéias, que julgou utilíssima, na publicação da tese, em 1958. Como interessado em folclore, para enfoque sociológico, devem-se a Roger Bastide alguns trabalhos de pesquisa de seus alunos, considerados de valor, para nós, pela boa coleta de dados folclóricos. Em 1944, Florestan Fernandes concorria a um concurso de temas brasileiros, no Departamento de Cultura, do Grêmio da Faculdade de Filosofia, Ciências e Letras. O trabalho intitulava-se "As trocinhas do Bom Retiro", e a documentação referia-se a brinquedos de crianças, fórmulas de escolha, rodas infantis, parlendas e até ex-líbris. Nessa década, Florestan Fernandes aparece ainda como autor de "Aspectos mágicos do folclore paulista" e "Congadas e batuques em Sorocaba". Outro aluno de Roger Bastide, que fez coleta folclórica, foi Osvaldo Elias Xedieh, a quem devemos os trabalhos "Elementos mágicos no *folk* mogiano", "Um elemento ítalo-afro-brasileiro na magia mojiana" e "Semana santa cabocla", série de artigos publicados no jornal *O Estado de S. Paulo*, de 1943 a 1949. Do próprio Roger Bastide, dentro do período que analisamos, apenas merece referência, para o estudo de folclore, o trabalho "A macumba paulista", editado, inicialmente, na revista *Sociologia*, da Faculdade de Filosofia, Ciências e Letras. Principalmente, pela coleta de dados, aliás, muito boa, dos alunos Osvaldo Elias Xedieh, Alcântara de Oliveira, Osvaldo Brandão e Florestan Fernandes.

É nosso dever ainda relacionar um movimento em favor do folclore, mais como tradição, que houve, em São Paulo, durante o período do Estado Novo e que se manteve até a década de 40. Sua promoção deveu-se ao Departamento Estadual de Imprensa e Propaganda, o famigerado DEIP, através da sua Divisão de Turismo e Diversões Públicas. Em conseqüência, muita festa, folguedo popular e dança folclórica foram documentados em fotografias, filmes e gravações, no interior paulista. Já no decênio que analisamos, com o nome de Departamento Estadual de Informações, DEI, essa atividade foi desenvolvida pela Divisão de Turismo e Expansão Cultural, que organizou equipe para o registro de dados de folclore no litoral norte de São Paulo. Estamos informados de que o DEI chegou a possuir grande documentação de gravações e filmes de folclore paulista, que acabou se perdendo por inteiro, com sua extinção. Graças a Cássio M'Boy, que fez parte da equipe, como cinegrafista, conseguimos ainda tomar contato com algumas gravações, inclusive uma, razoavelmente boa, do Samba de Pirapora ou Samba Campineiro, chamado Samba Rural Paulista por Mário de Andrade. Segundo o mesmo Cássio M'Boy, dos filmes fizeram fogueira.

Afinal, entre outros trabalhos de campo, realizados e publicados no Brasil, na década de 40, mereceram e ainda merecem nossa atenção de estudiosos pela contribuição que ofereceram, para um melhor conhecimento do nosso folclore, os de Dante de Laytano e Ênio de Freitas e Castro, no Rio Grande do Sul, sobre congada e moçambique, da cidade de Osório; de Veríssimo de Melo, em Natal, Rio Grande do Norte: *Superstições de São João, Adivinhas, Parlendas*; de Théo Brandão, *Folclore de Alagoas*; de José A. Teixeira, *Folclore Goiano*; de Darwin Brandão, *A cozinha baiana*; de Guilherme de Melo, *A música no Brasil*; de Artur Ramos e Luiza Ramos, *A renda de bilros e sua aculturação no Brasil*; Fausto Teixeira, *Estudos de Folclore*; Édison Carneiro, *Vocabulários negros na Bahia*; Oneyda Alvarenga, com o volume *Melodias registradas por meios não-mecânicos*, incluindo coleções de Mário de Andrade, Oneyda Alvarenga, Camargo Guarnieri e Martin Braunwiser. No domínio da teoria e da pesquisa do folclore histórico, destacou-se Joaquim Ribeiro, autor de *Folclore brasileiro* e *Folclore dos bandeirantes*. Na divulgação bibliográfica, registra-se a atividade de Luiz da Câmara Cascudo, com a primeira edição da *Antologia do folclore brasileiro* e a *Geografia dos mitos brasileiros*, também pela credencial antológica.

Lembre-se ainda o *Boletim latino-americano de música*, tomo VI, primeira parte, dedicado ao Brasil, e cuja edição se deve a Francisco Curt Lange. O *Boletim* com 606 páginas, grande formato, apresenta os seguintes trabalhos, incluindo fotografias e registros de música: "As danças dramáticas do Brasil", de Mário de Andrade; "Tambores e tamborileiros no culto afro-brasileiro", de Herskovits; "O maracatu", de Ascenso Ferreira; "O frevo e o passo de Pernambuco", de Valdemar de Oliveira; "O cateretê", de Dalmo Berlfort de Mattos; "Cegos pedintes cantadores do Nordeste" e "O cabaçal", de Martin Braunwieser; "A influência negra na música brasileira", de Oneyda Alvarenga.

O que há de mais importante, na década de 40, em relação ao folclore, é uma tomada geral de posição, com uma conscientização da necessidade de seu estudo e pesquisa, e a organização dos estudiosos e interessados na matéria em uma entidade, que passou a dirigir e a orientar todo o movimento de estudo e pesquisa: a Comissão Nacional de Folclore, que Renato Almeida criou no IBECC. Se bem que Mário de Andrade não possa ser esquecido, pois, com seu grande amor ao folclore, ele estimulou todo o Brasil para o estudo e a pesquisa; na verdade, o pouco que se fizesse ficaria nas províncias, se não fosse Renato Almeida e sua Comissão Nacional de Folclore. Observe-se que, iniciando a década com a *História da música brasileira*, que inclui grande documentação de folclore, ele esteve sempre presente nas atividades desenvolvidas pelas principais sociedades de estudo do período: o Centro de Pesquisas Folclóricas, da Escola Nacional de Música, e o Centro de Pesquisas Folclóricas "Mário de Andrade", do Conservatório Dramático e Musical de São Paulo, onde acabou patrocinando a II Semana Nacional de Folclore. Pesquisador, teórico, orientador e estimulador, Renato Almeida é a grande figura de toda a década.

MÚSICA

A música folclórica brasileira deve ser entendida e estudada no contexto de nossa aculturação, na qual se observam um grande contingente europeu, mais ibérico, com orientalismos e expressões eslavas; larga contribuição africana, através do negro banto, principalmente; e aspectos índios do grupo tupi, que durante séculos manteve contato com o europeu colonizador.

Pena é que essa manifestação aculturada, a revelar modalismos, polifonias percussivas, formas sofisticadas e uma imensa variedade rítmica, não seja conhecida dos folcloristas e etnomusicologistas estrangeiros, que nem ao menos fazem referência à música folclórica do Brasil. E isso ocorre, em primeiro lugar, porque não se estimula o estudante de música para a pesquisa ou não se oferecem as oportunidades necessárias aos poucos folcloristas que têm conhecimentos musicais, cujos trabalhos mereceriam ampla divulgação.

Em nosso entender, essa divulgação para o exterior teria maior alcance desde que fosse realizada através do disco, sob a inteira responsabilidade do folclorista musical ou etnomusicologista. Aliás, é o que ocorre em todos os países que tratam seriamente do assunto, no exemplo da França, através da Rádio Difusão de Televisão Francesa, que já produziu grande número de discos sobre folclore e música primitiva (sociedades pré-letradas) de diferentes partes do mundo.

No Brasil, o que se divulga, em nome do folclore, é na maioria das vezes aproveitamento de folclore, nem sempre bem orientado, porque é produzido na faixa do disco comercial, com o concurso de cantores popularescos, tendo na supervisão quem não sabe nada de folclore. Dessa maneira, o nome folclore inclui-se na divulgação de música popularesca (falsamente chamada popular), música comercial ou de consumo, que existe na propaganda do disco, do rádio, da televisão e na atividade intensa de cantores, comercialmente lançados e transformados em favoritos do grande público. Também acaba se confundindo, na desorientação reinante, com a música sertaneja, expressão de música popularesca que nasceu no disco, através da imitação da música folclórica. A mesma ocorrência se observa nos Estados Unidos, onde, segundo o folclorista Donald K. Wilgus, da Universidade da Califórnia, música sertaneja constitui um estilo e um repertório que se desenvolveu mediante ação recíproca da música folclórica anglo-americana, da música folclórica afro-americana e da música norte-americana popular e comercial.

Em conseqüência desta situação do folclore no disco, a discografia brasileira quase nada tem a oferecer aos estudiosos de música folclórica, que desejam saber como existe esta música nas rodas ou rodas infantis e nos jogos de crianças, nos pregões de rua e de feira, nos dorme-nenês das mamães, nas modinhas de serenata, nos cantos religiosos do catolicismo, umbanda, candomblé, nas cantorias nordestinas e nas modas-de-viola da região Centro-Oeste, na música do jogo de capoeira, nos zabumbas ou cabaçais, nas danças e nas manifestações de teatro, no exemplo dos chamados folguedos populares. Música que é manifestação de cultura espontânea da sociedade brasileira, existindo também em outras sociedades letradas, que possuem escrita, e em que se observam duas outras manifestações de produção musical: a erudita e a popularesca, entre as quais é marcada pela coexistência.

Através de nossas pesquisas, pudemos concluir que a música folclórica brasileira concretiza-se de três maneiras: improvisada de maneira espontânea e aceita espontânea e coletivamente no momento da criação (música de várias danças, como a do batuque do Médio Tietê, São Paulo); improvisada espontaneamente, ensaiada e aceita coletivamente (música de manifestações teatrais, exemplificadas pelas congadas, moçambiques, bumba-meu-boi etc.); transmitida de uma geração para a outra, em variantes ou versões (música de modinhas, dorme-nenês, romances etc.).

Quanto ao gênero, é vocal e instrumental. A vocal pode ser monódica solista, monódica de solo e coro e polifônica e harmônica, com emissão comum em falsete, anasalada, havendo, por vezes, finais de sons agudos e estridentes. Em geral, o verso é cantado sílaba por sílaba, podendo observar-se vocalizações nessas sílabas, mas há exemplos de cantos de sílabas isoladas ou de simples vogais.

A *instrumental* compreende o acompanhamento de um único instrumento ou de grupos instrumentais, denominando-se *orquestra* o agrupamento integrado por instrumentos de sopro. Mesmo acompanhando a voz cantada e a dança, quando o conjunto instrumental apresenta a viola, rabeca e instrumentos de sopro, aparecem contracantos e intervalos de terças e sextas e de quarta e quinta. A viola de dez cordas revela-se instrumento solista, de qualidades virtuosísticas, por vezes com intervalos de terças e de terças a sextas, a lembrar na execução de tocatas do século XVIII, no acompanhamento do lundu baiano, estudado por Marina de Andrade Marconi. O virtuosismo modal, com muita expressão eslava, constatou Guerra Peixe, encontra-se nas inúbias ou flautas de latão dos cabocolinhos recifenses, que tocam uma oitava acima do flautim de banda-de-música. O mesmo virtuosismo observa-se nas flautas do Zabumba, conjunto instrumental nordestino, no qual se incluem basicamente dois pifes (flautas de bambu), zabumba e tarol e um par de pratos. Nos contracantos folclóricos brasileiros é importante ainda se destacar os da baixaria do violão, dos bombardinos com a melodia dos pistões, destes floreando a parte dos clarinetes e as clarinetas respondendo o canto dos baixos-tubas e o próprio contracanto dos baixos-tubas. Bombardinos, pistões, clarinetes e baixos-tubas de nossas bandas-de-música, organizadas por músicos que nunca ouviram falar em Bach e Beethoven nem ao menos em Carlos Gomes, como constatou Antônio Alexandre Bispo, em suas pesquisas sobre o folclore das bandas-de-música.

A música instrumental folclórica, tão esquecida dos músicos, que vivem preocupados apenas com a melodia vocal, é uma realidade sobremaneira importante de nosso folclore. Há inclusive jeitos de executar instrumentos universais, que são especificamente nossos, no exemplo do pandeiro, que pesquisou e registrou Guerra Peixe. Enquanto na Itália, Hungria, Portugal, Espanha etc. o pandeiro é executado segurando-se o instrumento numa das mãos e percutindo com ele na outra, no Brasil acontece o contrário. Normalmente, nós seguramos o instrumento ligeiramente inclinado para o lado esquerdo, com o polegar por cima da pele, e o mínimo, anular e médio por baixo do aro, deixando o indicador livre para uma função exclusivamente musical, ora abaixando ora deixando vibrar a pele, para obter efeitos diferentes. A percussão é realizada com o polegar, anular, médio e indicador direitos. Também se usa percutir com a parte de cima da mão, nas proximidades do pulso. A posição inclinada do pandeiro não permanece estática; ele é levado para a direita, esquerda, o que facilita a execução e realça os ruídos das soalhas. Chamando a atenção dos músicos para a notação musical do pandeiro, diz Guerra Peixe que ela está a desafiar o pesquisador para que torne possível escrever *em brasileiro* para esse instrumento, cujas possibilidades o academismo musical não pode compreender.

No aspecto propriamente instrumental de nossa música folclórica, deve-se considerar a polirritmia horizontal e, principalmente, a vertical, que se observam nas manifestações teatrais de cortejo, no exemplo tão perto de nós da Escola de Samba, sobre a qual tem se escrito tanto, mas que até o momento não foi estudada devidamente por músico que conheça música. Esta polirritmia verifica-se ainda em diversas danças e mesmo no jogo da capoeira com diferentes execuções rítmicas, ao mesmo tempo, do berimbau, pandeiro, reco-reco e atabaque. Também polirritmias de enorme variedade se observam nos tambores e chocalhos de manifestações religiosas na modalidade do candomblé e umbanda, que hoje se difundem por todo o Brasil.

Discorrendo sobre a música instrumental folclórica, parece-nos oportuno mencionar alguns instrumentos que se destacam pela sua larga utilização ou pelo seu caráter particular dentro de uma manifestação folclórica. Em primeiro lugar, a viola de dez cordas ou cinco duplas, historicamente ibérica, que é o instrumento do cantador nas cantorias, nas modas, nas danças e nas expressões de teatro. Sua importância é tão grande que ela está nas mãos de São Gonçalo, na imagem à feição do brasileiro, e também nas do Nhô Lau, um cantador da fazenda Santa Margarida, em Promissão, São Paulo, que com ela queria seguir para o estrangeiro, "pra mostrá o que é um brasilero".

Em Mato Grosso, informa Julieta de Andrade, a viola é substituída pelo cocho ou viola de cocho, com cinco ou seis cordas e o formato que recorda instrumento musical do medievo. Segundo a pesquisadora, esse cocho ou viola de cocho de intensa atuação naquela região brasileira não tem referência mais esclarecedora na bibliografia, seja quanto ao nome *cocho*, ao formato, à introdução e à difusão. Outro instrumento, este sem dúvida de aculturação africana do grupo banto, é a marimba de teclas de madeira e cabaças ou porungos adaptados à parte inferior, que se pode ouvir agora na congada de Ilhabela, São Paulo; executa-se batendo nas teclas com duas baquetas (pedaços de pau).

Há dois outros pontos que desejaríamos abordar. O primeiro se refere a compasso. É verdade que se observa um predomínio do binário, com o ternário aparecendo mais em formas de procedência erudita ou popularesca, que se folclorizaram, no exemplo das modinhas e romances. Mas é comum o binário composto e também não é raro encontrarmos trechos que não se enquadram em qualquer compasso, tanto na música vocal como na instrumental. E há aquelas que exigem registros em diversos compassos e inclusive no quinário, para dar um exemplo. Não se deve imaginar, porém, que o compasso da música folclórica é semelhante ao da música erudita ou popularesca; ele nada tem da rigidez metronômica e, por isso, nossos registros acadêmicos nem sempre convencem.

O segundo é relativo à escala, a série de sons em que a nossa música folclórica se baseia. Costumamos afirmar, com base em nossas conclusões, que a escala predominante é a de tom maior, constatando-se o menor nas modinhas e romances em outros poucos exemplos. Nosso folclore, porém, utiliza muitas escalas modais, com sétima rebaixada, quarta aumentada, quarta aumentada e sétima rebaixada e também modais-tonais, como notou Guerra Peixe, estudando *rezas-de-defunto* em Caruaru, Pernambuco. Analisando a música da inúbia dos cabocolinhos recifenses, o referido folclorista relacionou entre as escalas algumas séries sofisticadas, no exemplo da que apresenta os seguintes graus: *si–dó sustenido–ré–fá sustenido–sol–lá sustenido* ou *lá bequadro–si*. Finalmente, recordar os pifes do Zabumba, com o tom natural baixo, que vai do sol grave ao dó da oitava superior; tom natural alto, a mesma escala reproduzida uma oitava acima e que vai ao extremo agudo; tom natural misturado, que compreende a extensão das duas escalas referidas. Há duas escalas de tom menor: uma semelhante à de sol a dó já mencionada, com si bemol; outra também com as mesmas notas, mas com fá sustenido. O tom de pistão é também a mesma série, que começa no sol da segunda linha da clave de sol e vai até o dó situado acima da quinta linha suplementar superior, com si bemol e mi bemol. O tom de clarinete pode ser a menor harmônica, que compreende a mesma série com sol sustenido ou a escala cromática. Através desses exemplos de Guerra Peixe, verificamos que a problemática escalar da música folclórica brasileira não é tão simples como aparenta ser.

Estes são alguns aspectos da música folclórica brasileira que desejávamos destacar. Música folclórica que existe independentemente da imensa divulgação da música popularesca, porque, em última instância, é realmente o modelo original dessa música comercial ou de consumo. Não só no Brasil como em outras regiões do mundo, como escreveu com muito acerto Roberto Muggiati em *A Música pop como forma de comunicação e contracultura*: "No caso do rock, uma das primeiras coisas que chamam a atenção é a estranha persistência do modelo folclórico original. Novos estilos surgem, novas instrumentações e novas maneiras de interpretar, mas a canção do rock continua enraizada na sua matriz folclórica." Esse mesmo autor, referindo-se ao som universal, que busca uma linguagem uniformizada para acabar com todas as formas de músicas regionais-nacionais, afirma que a viabilidade desse esperanto universal tem sido desmentida. Sem dúvida, cremos, é um esperanto musical, porque a realidade de ontem e de hoje nos mostra que a música popularesca (falsamente chamada popular) existe em função do folclore ou dos folclores do mundo, com passagens pela música erudita ou pela chamada música primitiva, que é o processo musical das sociedades pré-letradas. É e será, em última análise, uma música que vive de muletas.

INSTRUMENTOS MUSICAIS

Na manifestação de cultura espontânea, há toda uma série de coisas que o brasileiro costuma transformar em instrumento musical: colher, garfo, faca, prato, panela, banco com cobertura de couro, caixotes e caixas de fósforos. Usa também conhecidos instrumentos de fabricação industrial, além de outros que classificamos de instrumentos musicais folclóricos, por se originarem de um artesanato folclórico. Estes instrumentos podem ser distribuídos nas categorias de idiofones ou autofones, membranofones, aerofones e cordofones. E incluindo-se nessas categorias, vamos procurar descrevê-los e situá-los nas modas, cantorias, danças, teatro e nas manifestações religiosas mediúnicas em que funcionam.

Os instrumentos musicais idiofones são aqueles cujo som se obtém por si mesmos, pela vibração do próprio corpo instrumental, sem haver necessidade de tensão de cordas ou membranas distendidas. Desses instrumentos, há no folclore brasileiro os de percussão, de entrechoque, sacudidos, raspados.

Idiofones de percussão: conguê ou gonguê – aculturação africana. Campânula de ferro de uns trinta centímetros de comprimento, com cabo de material idêntico; em geral, é percutida com vareta de madeira. Função: maracatu do Recife, segundo Guerra Peixe. *Agogô* – aculturação africana. Uma campânula ou duas campânulas de ferro, com dez a quinze centímetros de comprimento, percutidas com haste de ferro. Função: cerimônias religiosas na modalidade de umbanda e candomblé; ultimamente, já começa a aparecer em outras manifestações. *Adjá* – aculturação africana. Pequena campânula de ferro, que é batida com haste de ferro; às vezes, confunde-se com o agogô e, em outras, não passa de um sineta, e como tal deve ser classificado como idiofone sacudido. Função: cerimônias religiosas na modalidade de candomblé e umbanda. *Marimba* – aculturação africana. Temos apenas informações de marimbas no litoral norte de São Paulo. Pode compreender uma série de pranchetas de madeira, fixadas verticalmente em dois sarrafos horizontais e em cujas extremidades se amarra um cordel ou tira de couro, a fim de apoiá-la nos ombros do tocador; junto às pranchetas, na parte inferior, são colocadas cabaças ou porungos, que funcionam como caixas de ressonância. Função atual: congada de Ilhabela. *Triângulo, ferrinhos* – aculturação européia através de Portugal. Vara de ferro fortuito, às vezes, por qualquer argola de ferro e até por ferradura de cavalo. Função principal: Folia do Divino; aparece, contudo, em outras Folias e demais manifestações de folclore brasileiro. *Frigideiras* – aculturação européia; são usadas no Carnaval francês, segundo Jean Poueigh em *Lê Folklore dês Pays d'Oc*; panelas rasas de ferro ou alumínio, percutidas no fundo com haste de ferro. Função: Escolas de Samba.

Idiofones de entrechoque: matraca, castanholas – aculturação européia; comumente, dois pedaços de madeira, ligados por meio de couro ou corda ou duas tabuinhas, presas nas mãos, que se entrechocam; em São Paulo, pode apresentar a forma de dois pedaços de pau que batem no corpo do tambu, principal tambor do batuque do Médio Tietê, e nessa forma deve ser classificado como idiofone de percussão. Função: a mais comum, Recomenda de Almas; as duas taboínhas, bumba-meu-boi. As castanholas são usadas na dança do lelê, de Rosário, Maranhão. *Tabuinhas ou cambitinho* – mesmo princípio da matraca, na forma de taboínhas, amarradas com tiras de pano ou de couro nas mãos, ou duas pequenas raquetas que se entrechocam. Função: caiapó de São Paulo e sul de Minas Gerais. *Bas-*

tões, espadas, arco-e-flechas, lanças – aculturação diversa: européia, africana e mais indianista do que indígena. São objetos e armas, pelo menos imitação de armas, que têm as características de instrumentos musicais de entrechoque; o arco da flecha tem um orifício por onde passa a ponta da flecha, que apresenta um dispositivo para fazê-la bater no arco, no momento que se estica a corda onde se acha amarrada, e depois se solta; os bastões no maculelê denominam-se *grimas*. Função: maneiro ou mineiro-pau, moçambique, do Vale do Paraíba, São Paulo, maculelê de Santo Amaro, Bahia e em outras manifestações; congadas, mais na forma que apresenta embaixadas ou parte representada, espadas; cabocolinhos, índios, dança dos tapuios, caiapó e outras expressões de tema mais indianista, arco-e-flechas; espontão e tribo de índios, lança.

Idiofones sacudidos: caxixi, mucaxixi, angóia ou cestinha – aculturação africana. Cestinha com alça, que tem sementes ou pedrinhas no interior e em cuja base pode apresentar um pedaço de lata. Função: capoeira e jongo. *Ganzá, caracaxá, xeque-xeque, xequerê* – aculturação européia e africana. Chocalho cilíndrico, feito de lata, com alças ou não nas duas extremidades; ganzá e caracaxá também são nomes de reco-reco e, no caso, deveriam ser classificados como idiofones raspados. Função: baianas, boi-bumbá e bumba-meu-boi, coco. *Guaiá* – aculturação européia, africana. Chocalho feito de porungo ou cabaça outrora, mas hoje chocalho de lata na forma de dois cones truncados, ligados pela base, com um cabo, em cujo interior se colocam sementes, pedrinhas ou bolinhas de *chumbo*. Função: batuque do Médio Tietê, São Paulo, e samba lenço de São Paulo. *Mineiros* – aculturação européia. Chocalho na forma do guaiá, usado nos cabocolinhos de Recife, segundo Guerra Peixe. *Maracá ou Marca* – aculturação indígena. Chocalho de cabaça ou de coco, com cabo de madeira. Informa Théo Brandão que esse nome é dado, em Alagoas, ao chocalho que tem a forma do guaiá. Função: cabocolinhos, reisado (Alagoas), catimbó. *Xerém* ou *xerê* – aculturação africana. Chocalho na forma do guaiá ou bola de ferro ou ainda sineta sem badalo e, no exemplo, seria um idiofone de percussão. Função: instrumento de Xangô, Ogum e Oxum, nos xangôs do Nordeste. *Pandeiro de Pastoril* – aculturação européia. É um pandeiro sem tampo, sem a pele ou couro, mas com as soalhas. Função: pastoril, pastorinhas, baile pastoril. *Afochê, piano de cuia, xaque-xaque, aguê, cabaça* – aculturação africana. Cabaça coberta por uma redinha de malha, em cujas interseções se colocam sementes de capiá ou búzios (caramujinho). Função: cerimônias religiosas na modalidade de umbanda e candomblé e manifestações de teatro, como os folguedos populares. *Paia, inguaiá, conguinho, matunga, gungas, maçaquaias* – aculturação africana e européia. Chocalhos de balainhos, latinhas ou mesmo guizos colocados nas pernas. Função: moçambique. *Pernanguma, prenanguna, penergomen, pernengomen* – aculturação africana. Lata achatada, de uns trinta centímetros de diâmetro, que tem dentro chumbinhos, sementes ou pedrinhas. Função: moçambique. *Chilenas* – aculturação européia. Esporas de duas rosetas lisas, especialmente usadas para danças. Função: fandango do interior do sul de São Paulo.

Idiofones raspados: reco-reco, requereque, caracaxá – aculturação africana e indígena. Pedaço de bambu ou taquara com talhos transversais, caneco cilíndrico de lata com uma tira ondulada também de lata, cabaça ou porungo comprido ao qual se adapta um pedaço de madeira com talhos transversais; é raspado com uma vareta. Função: cururu, caiapó, congada, dança de Santa Cruz etc. *Casaca* – aculturação indígena e africana. É um reco-reco na forma de um cilindro de madeira, escavado em uma das faces, na qual se prega uma lasca de bambu com talhos transversais, em cuja extremidade há uma cabeça esculpida. Função: jongo ou caxambu, Encomenda de Almas e o conjunto instrumental Banda de Congo, no Estado do Espírito Santo.

Os mebranofones são os instrumentos cujos sons se produzem por meio de uma membrana distendida sobre uma abertura. Quanto à maneira de tocar, dividem-se em percussão e fricção. Os de percussão são os tambores, que podem ser divididos em tambores de caixilhos, cilíndricos, de barril, cônicos e com suporte.

Tambores de caixilhos: adufe, adufo, pandeiro – aculturação européia. Em folclore, é o pandeiro quadrado, o redondo sem soalhas e também qualquer pandeiro. Função: cururu, folias de Reis e do Divino, congadas, no Estado de São Paulo. *Tamborim ou tamboril* – aculturação européia. Pequena caixa quadrada ou retangular, na forma de caixa de charutos, coberta de um lado com pele, que é percutida com vareta. Pode aparecer também na forma de um pequeno tambor cilíndrico, que o executante coloca embaixo do braço esquerdo e o bate com a mão direita ou com uma baqueta de madeira. Função: escolas de samba, principalmente. *Camisão* – aculturação européia. Tamborim baixo, ou seja, o contrabaixo do tamborim. Tem a forma de pandeiro, com cerca de um metro de diâmetro. O aro alcança mais ou menos dez centímetros de altura, ao qual se junta um outro de ferro para resistir a pressão da pele de cabrito. Tem um cabo de uns vinte centímetros, no qual segura o executante. Toca-se com uma baqueta mais grossa do que a dos zabumbas. Função: caboclos ou índios de Petrópolis, Estado do Rio de Janeiro, segundo Guerra Peixe.

Tambores de cilíndricos: Mangonguê – aculturação africana. Pequeno tambor feito de caixa de manteiga ou mate do Paraná, medindo cerca de um metro de altura, é executado com as mãos e colocado entre as pernas do tocador ou preso por corda sobre a barriga, informa Luiz da Câmara Cascudo. Função: bambelôs do Rio Grande do Norte. *Caixa, caixinha, tarol* – aculturação européia. É a universal caixa clara, tarol ou tarola, suas baquetas podem se chamar cambitos, birro ou bilro; tem cordas de tripa ou metal, que passam pelo meio da pele que é percutida, com a finalidade de reforçar a ressonância. Função: maracatu, bumba-meu-boi, congada, caiapó, folia de Reis, folia do Divino etc. *Surdo, caixa, zabumba ou bumbo* – aculturação européia. É a conhecida caixa média ou tambor médio; sua percussão é realizada por meio de duas baquetas, recobertas ou não nas pontas com algodão ou trapo. Função: maracatu, bumba-meu-boi, congada, caiapó etc. *Zabumba ou Bumbo e também caixa e mesmo bombo* – aculturação européia. É o grande tambor cilíndrico; sua percussão é feita com uma baqueta grande e, por vezes, também com uma vareta que se chama repique ou resposta. Função: maracatu, zabumba ou cabaçal, congada, samba campineiro ou samba de Pirapora (Rural Paulista, de Mário de Andrade). *Tambu, caxambu, tambor-de-crioula, carimbo* – aculturação africana. Tambor feito de tronco de árvore escavado, com couro em uma só abertura, fixado por pregos ou pequenos cravos de madeira; tem mais de um metro de comprimento; o tocador coloca-o em posição horizontal, deitado, e o monta nas proximidades do couro, ou, então, pendura-o com uma tira de couro à cintura; pode também executá-lo sentado, colocando-o em posição vertical, de pé. Função: batuque do Médio Tietê, São Paulo, jongo ou caxambu, tambor-de-crioula, carimbo. *Candongueiro* – aculturação africana. Feito de tronco de árvore, mas de dimensão menor do que o tambu, ao lado do qual aparece no jongo; pode ser colocado debaixo do braço esquerdo, preso com tira de couro no pescoço ou cintura e até ser montado para a execução com as mãos espalmadas. Função: jongo. *Tambaque* – aculturação africana. Tambor feito de madeira, com cerca de 40 cm de altura e 30 de diâmetro, sustentado à direita do tocador por meio de um talabarte de couro, enfiado no pescoço; o executante o percute com as mãos, sentado, com o instrumento apoiado no joelho. Função: congada de Caraguatatuba, São Paulo.

Tambores de barril: Ilu – aculturação africana. Tambor de barril e couro nas duas aberturas, com oitenta centímetros de comprimento; o executante toca-o com as mãos, tendo-o preso entre as pernas. Função: xangô de Recife. *Ingome, engono e ingomba* – aculturação africana. Tambor com couro em uma só abertura, que é percutido com as mãos; possui cerca de cinqüenta centímetros de comprimento. Função: xangô de Recife. *Tambu e candongueiro* – aculturação africana. Esses tambores já mencionados entre os cilíndricos podem ser feitos de barril médio e menor; os executantes os percutem com as mãos, sentados. Função: jongo. *Tambaque* – aculturação africana. Tambor feito de barril de azeitonas, no qual é conservado o tampo inferior e em que há um orifício chamado respiro, para dar saída ao som. Por uma tira de couro, chamada talabarte, é sustentado no ombro esquerdo do instrumentista, que o percute com as mãos; também é chamado de atabaque. Função: congada do bairro de São Francisco, em São Sebastião, São Paulo.

Tambores cônicos: Atabaques – aculturação africana. Conjunto de três tambores: rum (o maior), rumpi (médio), lê (menor); possuem couro na abertura de maior diâmetro; podem ser executados com as mãos ou varetas denominadas oguidavis. Função: cerimônias religiosas nas modalidades de candomblé e umbanda, nas quais podem aparecer os três tambores ou apenas dois e até um.

Tambores de suporte: Quinjengue, mulemba ou mulamba – aculturação africana. Caixa pequena cilíndrica, de madeira, que apresenta na parte inferior um pedaço de madeira roliça, com cerca de cinqüenta centímetros de comprimento; para executá-lo, o tocador o coloca sobre o tambu, no sentido vertical, apoiando a madeira roliça no corpo deste e o deixando, em geral, ficar entre as suas pernas; o tocador o percute com as mãos; por vezes, o quinjengue tem a forma do candongueiro do jongo. Função: batuque do Médio Tietê, São Paulo. *Tambaque grande* – aculturação africana. É um grande tambor de madeira, que possui quase noventa centímetros da boca ao suporte de madeira roliça, o qual tem meio metro, mais ou menos; para executá-lo, o instrumentista deixa-o de pé, apoiado no suporte, prendendo ou não, ao ombro, com um talabarte de couro, percutindo-o sentado numa cadeira ou banco.

Tambor de fricção: Puíta, cuíca, boi, onça, angoma-puíta – aculturação africana. Tambor cilíndrico, com couro em uma só abertura, cujo som é obtido por meio de uma vareta, presa com arame ou barbante a um pequeno orifício, que se faz no centro do couro, por dentro. Para tocá-lo, o instrumentista fricciona a vareta, de cima para baixo, com um pano molhado ou a própria mão. Função: escola de samba, congada, marujada de mulheres, boi-bumbá, jongo.

Instrumentos aerofones são aqueles em que se obtém o som através da movimentação de uma coluna de ar. Pertencem a esta categoria os chamados instrumentos de sopro e também outro, que se baseia em princípio acústico diferente: aerofone livre, cujo som é obtido pela direta atuação sobre o ar exterior.

Instrumentos de sopro: Flauta ou gaita – aculturação européia. É a universal flauta de taquara ou bambu ou taboca; há dois tipos: a reta e a transversal, ambas com número variável de orifícios. Função: Folias de Reis, chamadas mineiras. *Pife* – aculturação européia. Nome da flauta de bambu, taquara, taboca, originário de pífano ou pífaro, que é o antigo flautim militar; tem seis orifícios e é normalmente do tipo de flauta reta. Função: zabumba ou cabaçal. *Inúbia* – aculturação européia. O nome foi usado pelos poetas do indianismo brasileiro para designar a flauta do índio tupi; é uma flauta reta de latão, com quatro orifícios. Função: cabocolinhos de Recife, segundo Guerra Peixe. *Buzina, berrante, búzio, atapu* – aculturação européia e africana. A buzina ou berrante é a trombeta de chifre, usualmente empregada para tanger o gado, mas que aparece em folguedos populares de tema indígena, como o caiapó. O búzio ou atapu é a trombeta feita de caramujo grande; com o nome de búzio funciona como sinalizador dos pescadores de tainha, no litoral paulista; com o nome de atapu é o sinalizador dos jangadeiros do nordeste brasileiro. *Pio* – aculturação européia, africana, indígena. Feito de taquara, barro, lata, diversas madeiras, imita vozes de aves, pássaros e até animais e insetos. Função: caça e modas-de-viola, que se referem às vozes que os pios imitam. *Apito ou assobio* – aculturação européia, africana e indígena. Feito de lata, barro e madeira, é uma espécie rudimentar de flauta. Função: manifestação de festa, principalmente no Carnaval, e na congada, moçambique, reisado, chegança etc.

Aerofone livre: Zumbidor, berra-boi, roque-roque – aculturação indígena, africana e européia. Taboazinha presa pela extremidade a um cordel, que o executor faz girar sobre a cabeça, produzindo um assobio persistente; pequeno cilindro de papelão, fechado em uma das extremidades por um tampão, tendo no centro um fio de linha, adaptado a uma baqueta, cuja cabeça é recoberta de breu, com um laço fixo que circunda essa cabeça (fazendo o pequeno cilindro girar, com o movimento de rotação de baqueta, o laço acaba ferindo o breu e produz som, ampliado pelo cilindro, que funciona como caixa de ressonância). Função: com características exorcistas e fúnebres, como entre os índios e africanos, aparece na Recomenda de Almas; também é brinquedo de Carnaval e de crianças.

Instrumentos cordofones são aqueles cujo som é obtido por meio de cordas distendidas, que podem ser dedilhadas, friccionadas e golpeadas.

Corda dedilhada: Viola – aculturação européia, principalmente portuguesa. Há violas de várias características e dimensões, sendo mais comum a de cinco ou seis cordas duplas e, principalmente, a de cinco duplas ou viola de dez cordas: toca-se com a ponta dos dedos, que beliscam as cordas (ponteado) ou com os dedos passando juntos sobre as cordas (rasqueado); a viola é instrumento acompanhante e também solista, revelando aí suas enormes possibilidades. Função: modas-de-viola e cantorias, cateretê, cururu, fandango, dança de São Gonçalo, dança de Santa Cruz, lundu baiano, baião etc. *Cocho ou viola de cocho* – aculturação européia. Instrumento que foi estudado e revelado nas suas possibilidades, inclusive solistas, por Julieta de Andrade na sua tese de mestrado em Ciências Sociais; possui cinco ou seis cordas, apenas um furo ou nenhuma abertura na tampa da caixa de ressonância e uma quebra aguda do braço; só existe no Estado de Mato Grosso. Função: cururu e siriri matogrossenses. *Cavaquinho, cavaco, machete, machetinho* – aculturação européia. É a pequena viola, usada em Portugal, Madeira e Açores; no Brasil, chegou através de açorianos; tem quatro cordas e efeito semelhante ao bandolim. Função: Folia de reis, congada e muitas outras manifestações folclóricas. *Bandola* – aculturação européia. Instrumento documentado por Mariana de Andrade Marconi em Piauí, Minas Gerais; tem quatro cordas e som de bandolim grave. O Museu de Folclore possui exemplar feito de lata de querosene e braço de bandolim. Função: lundu baiano, como instrumento solista.

Corda friccionada: Rabeca ou violino – aculturação européia. Possui três cordas e uma quarta que pode vibrar por simpatia; o tocador o sustenta no lado esquerdo do peito, e seu som, normalmente, é fanhoso, fazendo lembrar um pouco a viola de orquestra. Função: folia de reis, folia do divino, fandango do litoral paulista, cantorias nordestinas.

Corda golpeada: Berimbau de arco e cabaça – aculturação africana. Arco de madeira com corda de arame, nos quais se prende uma metade de cabaça; a corda é golpeada com uma vareta. *Berimbau de arco* – aculturação africana e indígena. Arco de madeira e corda de fibra vegetal, que fica junto à boca entreaberta do instrumentista; é também percutida com vareta. Função: solos diversos.

Há três instrumentos de fabricação industrial, usados nas manifestações de folclore e, portanto, funcionando nas execuções como instrumentos folclóricos: a sanfona (gaita, acordeão, concertina, harmônica), o violão e o banjo. O banjo, principalmente, no Norte e Nordeste do Brasil, e do qual há documentação já nas pesquisas promovidas por Mário de Andrade.

APROVEITAMENTO, PROJEÇÃO; SUGESTÃO PARA TRABALHO ESCOLAR

Aproveitamento é a utilização do folclore com objetivos escolares, artísticos e até mesmo comerciais. Essa utilização pode ser feita com base no tema e em todo um complexo folclórico ou mesmo da inspiração, em que o aproveitador se identifica de tal maneira com a coisa folclórica que passa a expressá-la à sua maneira. O aproveitamento de folclore é chamado, por vezes, projeção, porque o folclore se projeta através de outro portador e não daquele em que exercita normalmente sua função. Também se ouve falar em estilo folclórico, o que seria uma maneira de ser imitativa do folclore. Preferimos as expressões "aproveitamento" e, quando muito, "projeção", para designar essa atividade.

O aproveitamento folclórico, ultimamente, é muito observado nas escolas do Brasil, infelizmente nem sempre de maneira correta. Por isso desejamos dar aqui alguns conselhos aos professores que se interessam pelo folclore. Em primeiro lugar, de um modo geral, sugerimos que não estimulem a elaboração de trabalhos que levem os estudantes a copiar livros. Estes devem ser orientados na preparação de atividades que tenham o condão de estimular a pesquisa de campo, mesmo na fase inicial da simples coleta de dados. Jovens, no exercício dessa atividade, têm condições de coletar material relativo aos seus jogos, brinquedos e rodas e registrar informações relativas a diferentes aspectos da cultura espontânea de seus pais, parentes e amigos.

Com base no aproveitamento propriamente dito, não julgar que seja importante a programação de festividades ou desfiles escolares, com representação folclórica dos diversos estados, principalmente no domínio de vestes típicas. É um erro esse julgamento, porque, folcloricamente falando, o sul de Minas Gerais é muito semelhante a São Paulo, o norte goiano é amazônico e no sertão baiano pouca gente sabe o que é candomblé, capoeira e vatapá. Além disso, com as facilidades dos meios de comunicação e migrações constantes, no próprio Estado de São Paulo, começam a ser funcionalmente vivas e atuantes manifestações folclóricas do Nordeste. Com referência a vestes, é preciso que se entenda, de vez por todas, que o Brasil possui, no momento, apenas três representativas: a do gaúcho, expressão aculturada de tropeiro paulista, açoriano e espanhol; a roupa de couro do vaqueiro, cujo jaleco, gibão e perneiras relacionam-se ao pelico e safões ou seifões do pastor português da charneca ou da serra; e a da baiana, cujas saias rodadas, xales, braceletes e argolões, turbantes ou rodilhas são sudanês-islamizados; missangas, angola-conguesas. Para evocar indumentárias folclóricas brasileiras, nas festas escolares, seria necessário ir buscar subsídios nas congadas, moçambique, caiapós, guerreiros, cavalhadas.

É muito importante orientar alunos em trabalhos relativos ao folclore do lugar em que existe a escola – todos os lugares têm folclore. Ao lado da cultura erudita, dirigida, cosmopolita de cada um de nós há também a cultura folclórica, que recebemos no trato espontâneo que temos, com nossos semelhantes, no grupo em que nascemos e vivemos.

As exposições escolares devem conter, em especial, peças recolhidas no lugar e vizinhanças da escola e terão a característica de aceitação e divulgação espontânea nas coletividades ali existentes, sem qualquer intervenção direta de meios publicitários. Jamais incluir nessas exposições coisas antigas: o antigo, apenas por ser antigo, não é folclore, se bem que possa assim ser considerado, desde que tenha funcionalidade espontânea atual, ou desde que se constate essa funcionalidade no passado.

Embora seja preferível ver os grupos folclóricos nos lugares em que existem, pode realizar-se apresentações desses grupos. Mas deve-se tomar cuidado com a inclusão de violeiros de rádio, que já pertencem à música popular ou popularesca, música comercial ou de consumo. Podem ser muito bons, mas não são folclore.

A escola pode e deve aproveitar folclore nas suas diferentes disciplinas, na música, na dança, no teatro, nas artes plásticas, no artesanato, mas sempre estabelecendo a diferença entre o trabalho de coleta de dados ou peças para suas exposições, a apresentações de grupos folclóricos e o aproveitamento ou projeção folclórica. Afinal, espera-se que a escola valorize os brinquedos e jogos, espontaneamente usados pelas crianças do Brasil, promovendo torneios de papagaio ou quadrado, pião de madeira, unha-na-mula ou sela, bolinha de gude, pé-na-lata, bilboquê, pau-de-sebo, perna-de-pau, amarelinha, barra-manteiga etc.

Muita gente costuma elogiar o movimento folclórico do Rio Grande do Sul, destacando a atividade dos centros de tradições como um exemplo para todo o Brasil. Sem dúvida, nesses centros podem ver-se muitos aspectos do folclore daquela região e, principalmente no domínio das danças, o folclore histórico. Entretanto, esclareça-se, com base no aproveitamento. Os centros de tradições foram idealizados por Barbosa Lessa e Paixão Côrtes, com a finalidade de estimular um movimento que se intitulou tradicionalismo. E o próprio Barbosa Lessa estabeleceu a diferença entre o participante desse movimento, o tradicionalista, e o folclorista, dizendo que o objetivo daquele é o de se servir dos estudos dos folcloristas, como base de ação, e assim reafirmarem vivências folclóricas. Em última análise, os centros de tradições, dos quais fazem parte jovens de diferentes classes sociais do Rio Grande do Sul e até estudantes universitários, atuam apenas e somente, de modo geral, no domínio do aproveitamento ou projeção folclórica. Quanto a estudo e pesquisa de folclore na expressão de cultura espontânea, nada fazem e, como conseqüência, apesar da grande difusão do tradicionalismo naquele Estado, ainda pouco sabemos do folclore gaúcho. Essa, aliás, foi a opinião divulgada pelo professor Ênio de Freitas e Castro, da Escola de Belas Artes, da Universidade do Rio Grande do Sul, no Simpósio Folclore e Turismo Cultural, que teve lugar em São Paulo, no mês de agosto de 1970. Os centros de tradição vivem em função, principalmente, das pesquisas realizadas por Barbosa Lessa e Paixão Côrtes.

Na orientação do exemplo gaúcho, aparecem cantores e grupos populares ou popularescos, que têm vivência no contexto da máquina publicitária da cultura de massas, e também clubes de folclore ou de danças das colônias. Nessas diferentes manifestações, existe apenas aproveitamento ou projeção folclórica e, portanto, nas suas apresentações deveria haver esse esclarecimento, a fim de que jamais se confundisse, por exemplo, o Festival de Folclore do Paraná, no qual se exibem grupos de danças das colônias, com outro festejo do mesmo Estado, esse de folclore mesmo, no qual apreciamos a congada da Lapa, o boi-de-mamão e o fandango de Paranaguá.

Aproveitamento ou inspiração folclórica, no desejo de dar a seus quadros uma feição brasileira, observamos em várias obras de artistas plásticos, como Tarsila, Di Cavalcanti, Portinari, Graciano, Oswald de Andrade Filho, Marjô e mais ainda nas dos primitivistas ou ingênuos, a exemplo de Américo Mondanez, Alcides, Constância, Edgard Calhado, J. Bernini, Ivonaldo, Luiz Abdias, Wilma, Waldomiro de Deus. Poucos escultores eruditos têm se preocupado com o tema, mas aqui mesmo em São Paulo há uma estátua, que representa o jogo do porco ensebado, justamente no momento em que as crianças o agarram, e tem o título de "A pega do porco".

Os músicos populares ou popularescos demonstram grande interesse pelo folclore, mais com o objetivo de aproveitá-lo em suas composições do que com a finalidade de estudá-lo seriamente. Lembramos, a propósito, Gutemberg, vencendo concurso internacional com sua "Margarida", que não é outra coisa senão a conhecida roda da "Margarida está no Castelo, o que, que, o quê", e a música "Lapinha", de Baden Powell e Paulo Pinheiro, que é velho canto de capoeira. Propriamente inspiração folclórica observamos na "Disparada", de Geraldo Vandré, que expressa, na sua primeira parte, as toadas do cururu paulista e as nossas modas-de-viola. Há mesmo um perfeito *baixão* de cururu, o canto silábico introdutório dessa manifestação folclórica, no final da "Disparada" e na seção de andamento mais vivo está presente o baião-de-viola nordestino e algo de recortado, que encerra com singular movimentação nossos cateretês ou catiras.

O músico erudito do Brasil, desde Brasílio Itiberê com "A Sertaneja", até hoje, vem se preocupando, embora não de maneira sistemática, com a nossa música folclórica. Villa Lobos usou a roda nas "Cirandinhas" e "Cirandas". A "Dança Negra", de Camargo Guarnieri, revela um tema de samba-lenço de Tietê. Guerra Peixe utilizou temas, ritmos, harmonias e inspirou-se em várias modalidades folclóricas de São Paulo, para compor a "Suíte" n.º 2, Paulista, para orquestra. E a viola sertaneja ou caipira foi valorizada pelo compositor Theodoro Nogueira, escrevendo para ele prelúdios e a incluindo na "Missa de Nossa Senhora dos Navegantes".

A poesia e a prosa erudita brasileiras apresentam numerosos exemplos de aproveitamento ou inspiração folclórica. Até poetas byronianos, como Álvares de Azevedo, tiveram um momento de folclore. Lembrar, a propósito, seu poema "Vagabundo", de *Spleen e charutos*, modelado no lundu do "Sapo na lagoa", de velho e atual registro folclórico. A Fagundes Varella também se devem exemplos, observados no poema "O filho de Santo Antônio", do livro *Cantos do ermo e da cidade*, com o uso de uma crendice ou superstição, e na poesia "Amor e vinho", escrita em nota de 10$000, utilizando a expressão "tim, tim, tim", na fórmula de saudação. Esse aproveitamento e inspiração são mais comuns na prosa, na qual recordamos, entre os autores mais antigos, Manoel Antônio de Almeida com *Memórias de um sargento de milícias*, Manuel de Oliveira Paiva em *Dona Guidinha do poço* e, mais perto de nós, Valdomiro Silveira de *Os cablocos*. Destaque para Mário de Andrade de *Macunaíma* e para Guimarães Rosa de *Grande sertão: veredas*, ainda *O pássaro da escuridão*, de Eugênia Sereno.

No setor do teatro, registre-se a utilização de uma Recomenda de Almas, recolhida pelo autor, na primeira apresentação da peça *Pedreira das Almas*, de Jorge Andrade, no Teatro Brasileiro de Comédia, em 1959, e o trabalho desenvolvido por Marina Luiza e Wilson Rodrigues de Moraes, com o grupo folclórico Malungo. E no cinema brasileiro, assinale-se como melhor aproveitamento o de *Macunaíma*, claro por causa do texto inspirador.

Afinal, recorde-se a utilização do folclore pela publicidade, em anúncios de jornais, cartazes, na televisão e no rádio.

Com base em coletas feitas pelos estudantes, no lugar em que existe a escola, os trabalhos podem abranger os seguintes itens: brinquedos de crianças, arte e artesanato e cartografia. Os dois primeiros itens serão apresentados em painéis e estandes, e o terceiro, através de mapas.

Brinquedos de crianças. Orientação: investigar quais os brinquedos feitos pelas crianças ou adultos e usados por elas, na comunidade ou coletividade nas dimensões normais, para sua apresentação em estandes ou mostruários. Descrever os brinquedos, explicando como são feitos, materiais utilizados na confecção, nomes de diferentes partes, quando a possuem, e como se brincam com eles. Relacionar nome, idade, residência de quem os fez, mencionando como aprendeu a fazê-los e a brincar. Dar esclarecimentos relativos à família, sua naturalidade e situação social. Os brinquedos devem ser feitos, sem qualquer orientação direta de intelectuais.

Arte. Orientação: verificar, sempre na comunidade ou coletividade em que se localiza a escola, quem se dedica à pintura, desenho e escultura, sem qualquer orientação direta de representantes dos chamados meios intelectuais ou da simples e configurada imitação de obras eruditas. Observar também se o que faz tem aceitação, com aprovação ou desaprovação, da coletividade ou comunidade. Na *pintura e desenho*, tomar cuidado com os artistas popularescos, falsamente chamados populares, cujas obras são imitações rotineiras de manifestações eruditas, na maioria acadêmicas, e das próprias folclóricas; também tomar cuidado com os primitivistas ou ingênuos, que costumam usar, conscientemente, a expressão de arte folclórica e até mesmo a motivação do folclore. Na *escultura* devem ser observados os mesmos cuidados quanto aos popularescos e primitivistas, excluindo-se os objetos envernizados ou encerados. Além das esculturas produzidas com diferentes materiais, não esquecer de procurar a escultura feita no pão – há quem dê aos pães a forma de homens e bichos – e ainda na massa de açúcar (alfenim), doces e balas.

Recolher exemplares da pintura, desenho e escultura, para o mostruário ou estande da exposição, com biografia dos artistas, esclarecendo, se possível, a razão de haverem se tornado pintores, desenhistas e escultores e como produzem sua obra de arte. Sejam pintores e desenhistas de carrocerias de caminhões, de quadros aproveitados em azulejos de bares e botequins ou padarias, de ex-votos ou promessas para agradecer um milagre, de bandeira de santo, de terreiros de umbanda, de presépios, animais etc. Incluir rendas e bordados, flores de papel crepom etc.

Artesanato (coisas feitas no todo, por uma pessoa ou no máximo por pequeno grupo de pessoas, à mão ou com o auxílio de simples instrumentos de trabalho). Orientação: observar, nesse aspecto, e sem qualquer interferência de representantes das organizações intelectuais, interferência direta, aspectos relacionados à fabricação da farinha de mandioca, de milho e de fumo e à cestaria (sem verniz), funilaria, trançado de couro, gaiolas de taquarinha, tinturaria (tintas de fabricação caseira), artigos feitos com retalhos de fazenda, utensílios domésticos de madeira (colheres, gamelas, pilões, sem verniz ou cera). Sempre em torno da sede da escola. Organizar estandes ou mostruários com fotografias, exemplares das peças ou amostras, incluindo biografia dos artesãos, com referência aos instrumentos e técnica de trabalho, material utilizado etc.

Cartografia. Anotar os chamados nomes populares, folclóricos, dos acidentes geográficos da região em que se situa a escola, procurando, inclusive, as definições populares desses acidentes. Fazer a mesma coisa em relação aos nomes populares das ruas, praças, largos, bairros e vilas da cidade ou das vizinhanças da escola, procurando também a explicação desses nomes. Com base nessa documentação, elaborar mapas.

Esclarecimento: os trabalhos devem ser realizados, considerando-se folclore as manifestações de cultura espontânea, criadas espontaneamente e aceitas de maneira espontânea e coletivamente por determinado grupo social. "Criadas espontaneamente" significa que nascem, em função da criatividade do homem, mas sem receber a direta influência das organizações intelectuais. "Aceitas de maneira espontânea e coletivamente", o que realmente explica todo o folclore, tem o sentido de que ele se propaga, de um para outro homem, independentemente da ação dos meios publicitários, razão de ser da difusão da cultura erudita, popularesca ou de massas. Na análise de determinado brinquedo, pintura, desenho e escultura, artesanato e linguagem, verificar sempre se a sua existência na coletividade ou comunidade se comprova como manifestação de cultura espontânea, criada ou aceita coletivamente. No caso, tomar muita precaução relativa a ação dos intelectuais, que também funcionam como agentes publicitários. Há fenômenos folclóricos muito fáceis de se analisar, como por exemplo os referentes aos brinquedos de crianças e à linguagem. Outros – arte e artesanato – já são bem mais difíceis, sublinhe-se, pela presença mais próxima e interferência mesmo do intelectual, que não conhecendo folclore arruína tudo.

HISTÓRIA DA ESTÓRIA

Conto popular é a denominação que se dá ao relato produzido na manifestação de cultura espontânea, que se difunde pela palavra falada. É a estória, o conto folclórico, o causo, como dizem os sertanejos, que têm características verossímeis e que podem ocorrer nas circunstâncias do maravilhoso e do sobrenatural. Por vezes, mitos e lendas confundem-se com o conto popular, e entre os traços que os definem recordam-se o de apresentar fatos de atuação constante e possíveis e ainda episódios de abstração histórico-geográfica.

O conto popular, que preferimos chamar de estória ou causo, obedecendo à sugestão do folclore, tem larga projeção no espaço e no tempo, pois não há lugar no mundo onde não exista, desde um passado de milênios. E curioso é notar que, na expressão geográfica e no tempo, integrou-se, há muito, na literatura erudita.

Se alongarmos a vista pela literatura erudita, vamos encontrar, em longínquas paragens, a estória, o relato folclórico, fazendo parte de livros de escritores, os mais notáveis, e até mesmo de obras sagradas, que são monumentos de arte de escrever.

Da velha Índia, alguns séculos antes de Cristo, nos chega às mãos o *Niti-Xástras*, série de livros de moral prática, onde se incluem apólogos ou fábulas. Estes revelam que seu autor, ou mais provavelmente autores, possuíam muito conhecimento da sabedoria do folclore de velha tradição. Ilustra a afirmação uma de suas sentenças: "Veneno é um livro que se não estudou, veneno a comida não digerida, veneno a companhia para o pobre, veneno para o velho é uma moça."

Recordar ainda o *Pantchatantra*, cinco livros, de que se não possui o texto primitivo, mas redações posteriores. Ele também apresenta fábulas e apólogos de procedência folclórica. Uma de suas edições mais vulgarizadas é o *Panchakhianaka*, com novas fábulas e estórias e o *Hitopadexa*, resumo do precedente.

Já em nossa era, apareceram duas outras coleções de estórias na Índia: o *Katha-saritságara*, que se traduz como *Oceano dos rios de contos*, e o *Xukasaplati*, *Os setenta contos de um papagaio*.

Na cronologia lítero-folclórica do mundo têm essas obras indianas um lugar de relevante projeção. Muitas estórias, que hoje o homem conta, possuem variantes nessas mencionadas obras literárias, principalmente no *Pantchatantra* e no *Hitopadexa*.

Em papiros conservados até os nossos dias e em referências de Heródoto, cronista grego, há testemunhos que comprovam o significativo papel que desempenhou a estória no Egito de antes de Cristo. As estórias dos egípcios, assinala Letourneau, são preciosas por mais de um título. Levam-nos à vida comum e dão informações sobre o seu caráter. Nas estórias falam os animais, plantas, todas as coisas. Os rios representam verdadeiros seres humanos e possuem até mulheres. O maravilhoso ultrapassa o limite do que se pode imaginar: um simples crocodilo de cera passa a ter vida por meio do encantamento. As estórias egípcias usam e abusam do processo da repetição, para intensificar a expressão. Dizem, por exemplo: "Seu coração alegrou-se muito, muito", para assinalar uma grande alegria, fórmula que ocorre nas nossas estórias.

A própria Bíblia encerra nos textos do Antigo Testamento estórias aramaicas e de marinheiros da costa do Mediterrâneo. As aramaicas encontram-se no Livro de Daniel, no relato do sonho de Nabucodonosor, sacrilégio e fim de Baltazar (com a mão misteriosa a escrever as palavras mágicas *mane*, *tekel*, *fares*) e, afinal, na estória de Daniel na cova dos leões. Lembra as narrativas de marinheiros mediterrâneos e de Jafa o texto do *Livro de Jonas*, em que o profeta é engolido por uma baleia.

Afinal, em se falando da Grécia heróica, recordar seus dois extraordinários documentos de poesia: a *Ilíada* e a *Odisséia*, ambos repletos de estórias e de referências a seres míticos. A *Ilíada* a nos relatar a guerra de Tróia, de que os gregos saíram vencedores por haverem ludibriado os troianos, escondendo-se no interior de um colossal cavalo de madeira, que lhes mandaram de presente, *presente de grego*. A *Odisséia*, a relatar as estórias do sofrido regresso dos gregos, depois da vitória, e nas quais se projetam as figuras de Ulisses e sua fiel esposa Penélope. A estória inclui-se na obra de Heródoto, as conhecidas *Histórias*, e em especial nas fábulas de Esopo, que contam o tão divulgado causo da lebre que perdeu a corrida para a tartaruga, em virtude de haver confiado por demais em suas possibilidades.

A Idade Média teve um livro que foi matriz de muita estória, contada até os nossos dias. Menendez y Pelayo chamou-o de rio que inundou a Europa, passando do árabe ao hebreu, do hebreu ao latim, do latim às línguas vulgares. Chama-se *Calila e Dimna* e é originalmente oriental, apresentando texto do próprio *Pantchatantra* indiano e outros de procedência persa, síria e árabe. Calila e Dimna são duas raposas que contam estórias na forma de apólogos, isto é, de sentido moral, que, por vezes, apresentam entre os personagens seres humanos. Esse livro divulgou na Europa a narrativa dos "Três ladrões de ovelha", os quais, por quererem comer a ovelha, acabaram convencendo o homem que a carregava que ela era um cachorro.

Outro livro fonte de estórias é o *Sandelbar*, traduzido do árabe a mandado de Afonso, o Sábio, em 1523, com o nome de *Libro de los engaños y los ensayamientos de las mujeres*. Como o anterior, multiplicou-se e, na forma ocidental, tornou-se conhecido através da imitação da versão hebraica, feita por Juan de Alta Silva, monge do século XIII, sob o título de *Dolopathos* ou *História Septem sapientum*

Romae, de que há traduções e falsificações. Variante nossa de estória divulgada pelo *Sandelbar* é a do "Príncipe e o amigo", em que este espalhou farinha de trigo por todos os cômodos da casa, com exceção do quarto da mulher, deixando-a ali presa enquanto viajava. Ao voltar, encontrou sinais de pés do príncipe e quis matá-lo, mas este respondeu:

> Quando de casa saíste
> Pós brancos espalhaste,
> Rastro de ladrão achaste,
> Que lindas uvas eu vi.
> Te juro, por Deus do céu,
> Como nelas não buli.

A verdade é que o príncipe chegou a entrar na casa do amigo, indo até o quarto, onde se achava a jovem esposa, nua, a dormir. Mas apenas a contemplou e foi embora.

Barlaam y Josaphat, nomes supostos de um rei da Índia e de seu filho, constituem o título de uma obra também do mesmo gênero e época. Recorda o enredo a estória de um rei que envia todos os esforços para impedir que seu filho se torne cristão. Este, porém, ganha a amizade de um eremita, que lhe ensina a nova religião e o leva para o deserto com ele. Antes, o príncipe converte o próprio rei e os súditos. Seguem-se, depois, vários apólogos, fábulas, parábolas e uma comparação de religiões. *Barlaam y Josaphat*, segundo Max Muller, relata a própria história de Buda; no seu principal contexto é, portanto, originalmente um livro indiano. Sabe-se que nele se inspirou Boccaccio para escrever o *Decamerão*.

Muito divulgada no século XIII é a coleção de estórias, conhecida por *Disciplina clericalis* e escrita em latim pelo judeu Moisés Sefardi, feito cristão com nome de Petrus Alfonsi. Explicando a obra, diz que a escreveu meditando sobre a fragilidade humana e se utilizando de provérbios dos filósofos, exemplos árabes e de semelhanças de animais e aves. A estória da raposa e a onça, em que esta acha que o bem se paga com o mal, e que acaba vencida no seu desígnio por artes do homem, tem uma versão primitiva na *Disciplina clericalis*. Aí o homem é que acaba sendo salvo pela raposa, depois de haver libertado uma serpente da prisão.

As gestas, poemas heróicos do medievo, estão repletas de estórias, a envolver personagens mitológicos. Tal é o exemplo de Siegfried, que vence os saxões e os dinamarqueses e empreende viagem à Islândia, para conquistar Brunhilda, sempre em função de suas características mágicas, mas que termina vítima de sua vontade de dominar o mundo. As estórias de Siegfried, que bem revelam os predicados e os defeitos de tantos homens de ontem e de hoje também, compreendem parte da série de poemas *O anel de Nibelungo*, traduzidos em música, de maneira magistral, por Richard Wagner, na famosa *Tetralogia*, na qual se incluem as óperas "Ouro do Reno", "Siegfried", "Walquíria", "Crepúsculo dos deuses".

Da França nos veio, no gênero, a *Canção de Rolando*; teve origem em um fato histórico: a derrota de Carlos Magno frente aos bascos, em Ronscevales, nos Pirineus, a 15 de agosto de 778. Este fato foi transformado em estória e assim foi inscrito na gesta literária. Os bascos transmudaram-se em mouros e conta-se que Rolando, grande chefe dos soldados de Carlos Magno, desafia milhares de inimigos e morre vitorioso. Mas a estória não pára aí: Rolando sobe aos céus e é recebido por São Gabriel, com todas as honras dos verdadeiros santos. Lembre-se que essa estória penetrou no folclore brasileiro através do contexto mouro-cristão, sendo Rolando, com o nome mais popular de Roldão, personagem obrigatória de muito texto de congada e embaixada de cavalhada, manifestações que evocam cargas de cavalaria dos exércitos de Carlos Magno e dos mouros ou turcos.

Estórias também compõem o romance da Távola Redonda, inspirado em tradições celtas dos tempos do rei Artur e de seus cavaleiros, que se propuseram a conquistar o Santo Graal, cálice sagrado utilizado por José de Arimatéia para recolher o sangue de Cristo crucificado. O romance, poema narrativo, fala sobre a Távola Redonda, que era a forma de os cavaleiros fazerem suas reuniões: em torno de uma mesa redonda para demonstrar que todos eram iguais.

Na forma de fábulas, em que os personagens são animais, a Idade Média produziu muitas estórias, utilizando achegas de toda parte, principalmente do Oriente. Entre estas, recordamos as que se encontram no romance *Renart*, isto é, a raposa, série de narrativas escritas no século XII e início do século XIII por vários autores. Não há o que duvidar da sua inspiração folclórica, e da elaboração realizada no correr do tempo, partindo de uma fábula com texto poético, que chegou a possuir mais uma vintena de milhar de versos. O fundamento do romance é a luta da raposa contra o lobo, da astúcia e hipocrisia contra a força e a estupidez. Outros personagens dessa verdadeira epopéia animal, precioso documento da literatura francesa, são o leão, o urso, o gato, a galinha, o burro, o corvo etc.

Animais figuram também nos chamados "bestiários" medievais, inspirados no livro *Physiologus*, de um alexandrino do século II, composto sobre textos gregos, etíopes, armênios e latinos. Aí se divulgam, de forma alegórica, as doutrinas cristãs, utilizando exemplos de animais. Esclareça-se que numerosas estórias dos "bestiários" do século XII e do XIII continuaram a existir na manifestação de cultura espontânea.

Ainda na Idade Média, que em diversas formas e gêneros literários eruditos usou muita coisa do povo, lembramos o teatro, apenas para mencionar que a conhecida lenda de Fausto, que vendeu sua alma ao diabo, já aparece em obra dramática do século XII, na França. Chama-se *Miracles de Théophile* e seu autor é Rustebeuf.

Já do século XIV é o *Libro de exemplos del Conde Lucanor y Patronio*, no qual se inscreve o nome de dom Juan Manuel, neto de Fernando III e sobrinho de Afonso, o Sábio, considerado inovador da prosa erudita castelhana. No parecer de Menendez y Pelayo, essa produção, dedicada aos que "non fueron muy letrados ni muy sabidores", não tem um só relato de criação original. Tudo são estórias, trazidas e adaptadas de narrativas orientais, árabes, persas e hindus. E entre elas, acha-se uma versão primitiva da conhecida estória do galo, que o recém-casado deve matar na sua primeira noite de núpcias a fim de que não seja dominado pela esposa. O *Libro de ejemplos del Conde Lucanor y Patronio* desenvolve-se em torno das conversas do Conde Lucanor com o sábio empregado Patrônio.

Menendez y Pelayo manifesta a mesma opinião, no que concerne ao aproveitamento de relatos folclóricos quando analisa o *Decameron* ou *Decamerão*, de Boccaccio: não há um só relato original. E na realidade, o autor, clássico da língua italiana, baseou-se nas estórias do livro *Novelino*, anotadas por um florentino do século XIII. Precede-as um proêmio, no qual há muita descrição da peste que assolou Florença, em 1348. A seguir, conta Boccaccio, três moças e três rapazes vão passear no campo e aí permanecem a jogar, cantar e a narrar estórias, algumas conhecidíssimas de todo o mundo.

Do poeta espanhol Juan Ruiz, arcipreste de Hita, que viveu entre os séculos XIV e XV, é o *Libro de buen amor*, posteriormente intitulado *Libro de cantares*. Trata-se de quase uma autobiografia em versos, em que se delineiam fábulas, apólogos, sátiras, burlas, procedentes de fontes eruditas e folclóricas. O bom amor, para o autor, é o amor a Deus, em oposição ao "loco amor", o amor do homem pela mulher ou vice-versa. Muito da vida folclórica da Espanha, representada pela cultura espontânea, acha-se no *Libro de buen amor* ou *de cantares*, no qual se projetam, principalmente, as estórias, várias de procedência oriental.

Interessado pela literatura, que hoje chamamos folclórica, o poeta inglês Geoffrey Chaucer utilizou em *Contos de Canterbury* uma das suas formas, a estória, com variantes propagadas por livros latinos, franceses e italianos. Na sua concepção, os contadores de estórias são peregrinos, que se dirigem ao túmulo de São Tomás Becket, em Canterbury, mais a passeio do que em romaria piedosa. O poeta encontra-se com o grupo em uma estalagem e cada um conta duas estórias na ida e duas na volta. O ambiente em que estas se situam é a Inglaterra do século XIV, com seus fidalgos, párocos, prioresas e demais representantes de todas as classes sociais. E elas percorrem toda a gama de narrativa, desde a aventura trágica à comédia alegre.

Estórias de cunho novelístico nos oferece Gio Francesco Caravaggio, conhecido por Straparolla, em *Le XIII Piacevoli Notte*, de 1554. Em treze noites, damas e cavalheiros contam setenta e cinco estórias, que compreendem fábulas infantis, novelas de aventuras e anedotas. Entre elas, aparece a estória do peixinho miraculoso, que deu favores a um jovem, pobre e barrigudo, para obter a mão da filha do rei, fazendo que tivesse um filho dele, sem que ambos nunca estivessem juntos. Recorde-se também que nesse livro de Straparolla há uma versão da nossa estória do galo, de cuja morte na primeira noite de núpcias depende a autoridade futura do chefe da família.

Quase um livro de folclore, no domínio da estória, é *Pentamerone Del cavalier Giovan Battista Basile, overo Le Cunto de li cunte*, escrito no século XVII, em dialeto napolitano. Possui variantes das divulgadas narrativas da Gata Borralheira, do Gato de Botas, da Bela Adormecida no Bosque, da Branca de Neve, e ainda a das Fiandeiras, tias ou devotas das almas, estória conhecida na Alemanha, França, Inglaterra, Itália, Suécia, Estônia, Finlândia, Lapônia, Dinamarca, Grécia, Noruega etc. Na versão brasileira, recorda-se o caso de uma moça que afirmou ser capaz de fiar, bordar e engomar, sem nunca haver aprendido, desde que o rei a tomasse por esposa. O rei, então, mandou chamá-la e, depois de casar-se com ela, determinou que lhe fizesse uma camisa; a moça tomou-se de desespero. Mas, no dia seguinte, apareceram no palácio três velhas, dizendo-se tias da moça e a declarar que ficaram feias daquele jeito a fiar, bordar e engomar. O rei, mais que depressa, mandou chamar a esposa e a proibiu de fazer uso do fuso, da agulha ou do ferro de engomar. As velhas nada mais eram do que almas de outro mundo, das quais a moça era devota.

Na língua portuguesa uma das principais fontes de vulgarização de estórias, contadas no Velho Mundo, foi a obra *Contos e histórias de proveito e exemplo*, de autoria de Gonçalo Fernandes Trancoso, no século XVI. Seus relatos tiveram larga popularidade no Brasil e a expressão *estória de Trancoso* passou a ter a mesma significação de *estória da carochinha* ou estória no sentido folclórico do termo, já assinalado no início. Nesse conceito, já eram conhecidos, entre nós, no século XVII, e a elas se refere o escritor de *Diálogo das grandezas no Brasil*. A Fernandes Trancoso devemos a mais antiga variante, em nossa língua, da estória "As três perguntas do rei", que Sílvio Romero anotou e divulgou com o nome de *O padre sem cuidados*.

Por volta de 1569, aparecia em Valência, na Espanha, a coleção de estórias *Sobremesa y alivio de caminantes*, de Juan Timoneda. Caracterizavam-se pela brevidade e certo tom chistoso, tal qual a do exemplo: "Um gentilhomem encomendou a um pintor a Ceia de Cristo. Por descuido, este pintou treze apóstolos e para dissimular o 13.º colocou-lhe as insígnias do correio. O gentilhomem, porém, recusou pagar-lhe, porque o quadro estava errado, e o pintor graciosamente declarou: 'Não se aborreça, o que está como correio veio só cear e depois vai-se embora'." Na coleção de Timoneda encontra-se a nossa estória do "Cego e o dinheiro enterrado", em que o cego finge ter recebido mais dinheiro, para reaver o que enterrara e fora roubado pelo seu vizinho.

Na sua monumental obra literária, Gil Vicente usou muito do folclore português do tempo em que viveu, entre os séculos XV e XVI. O *Auto de Mofina Mendes* baseia-se em uma estória que integra numerosos folclores e existe em variantes diversas. Para fazer muito dinheiro, Mofina Mendes vai à feira de Trancoso, a vender um pote de azeite. Cheia de felicidade, começa então a cantar:

> Do que este azeite render
> Comprarei ovos de pata
> Que é coisa mais barata
> Que eu de lá posso trazer,

> E estes ovos chocarão:
> Cada ovo dará um pato,
> E cada pato um tostão,
> Que passará de um milhão
> e meio a vender barato.
> Casarei rica e honrada
> Por estes ovos de pata
> E o dia que for casada
> Sairei ataviada
> Com um brial d'escarlata
> E diante o desposado
> Que me estará namorando;
> Virei de dentro bailando
> Assim dess'arte brilhando
> Esta cantiga cantando.

E assim cantando, começa a bailar e o pote cai de sua cabeça, pondo tudo a perder. Comentando a estória de Mofina Mendes, esclarece Renato Almeida: "é o tema do castelo no ar, contar com ovo na galinha, que foi divulgado por La Fontaine, pelo *Pantchatantra* hindu e o livro *Calila e Dimna*".

Outro autor de livro de estórias, anotadas em fontes diversas, que se celebrizou e teve influência na formação de muita criança brasileira, contribuindo para a difusão de exemplares diversos da forma entre nós, foi Charles Perrault. Ele é o escritor de *Les Contes de Ma Mère Loye*, *Os contos da mamãe gansa*, que abrange as estórias do "Chapeuzinho Vermelho", "Barba Azul", "Maria Borralheira" ou "Gata Borralheira", "Bela Adormecida no bosque", "João e Maria". Lembre-se, para comprovar a velha procedência dessas estórias, que a nossa conhecida Maria Borralheira tem variante egípcia dos tempos dos faraós. Lá ela se chamava Rodopis e conta-se que sua sandália foi levada por uma águia, que a deixou cair em cima do faraó. Este saiu à procura da dona da sandália, achou-a e se casou com ela. *Os contos da mamãe gansa* apareceram em Paris, em 1697, e os folcloristas os consideram versão final de estória.

O século XVIII foi dominado, no que se refere à publicação de estórias, pela edição dos doze volumes de *As mil e uma noites*, em língua francesa. Mais do que uma tradução, trata-se de uma adaptação de Antoine Galland, estudioso de assuntos orientais. Para produzir a obra, utilizou duas fontes: uma coleção recebida da Síria, talvez originalmente egípcia, e narrativas anotadas pelo maronita Hana, católico do Líbano. *As mil e uma noites* tem por narradora Scherazade, filha de um grão-vizir, e por ouvinte o rei persa Schariar, seu esposo que, levado pelo seu ódio contra as mulheres, costumava determinar a morte das esposas após a noite de núpcias. Adiando o fim de cada estória para o dia seguinte, Scherazade acabou dominando-o e ganhando em definitivo seu amor e confiança. Essa coleção famosa difundiu entre nós as estórias de "Aladim e a lâmpada maravilhosa", "Simbad, o marinheiro", "Ali Babá e os quarenta ladrões".

Não há quem não conheça no Brasil ou pelo menos não tenha ouvido falar nas estórias do irmãos Grimm. Esses irmãos, Jacob e Willhelm, foram importantes filósofos e dicionaristas, além de estudiosos de mitologia e professores da Universidade de Berlim. Em 1812, porém, editaram os *Contos para crianças e para os lares*, que lhes deram renome internacional. Os seus *Contos* constituem uma série de estórias, em grande parte recolhidas durante suas viagens. E na série podemos encontrar algumas que pertencem à nossa tradição oral. Por exemplo: a da "Devota das almas"; a de "João e Maria", cujos personagens principais aparecem com os nomes de Hansel e Gretel; a estória de João Grilo, um pobre homem que se fez adivinho para salvar a vida e acaba descobrindo ladrões, por mero acaso.

Com a mesma finalidade dos irmãos Grimm nos seus *Contos*, oferecer assunto para os serões familiares, e em especial para entreter a criançada, um cronista social brasileiro, falecido em 1914, andou compilando e publicando livros de estória, que marcaram grande êxito editorial. Chama-se Alberto Figueiredo Pimentel e tornou-se conhecido assinando a seção "Binóculo", um repositório da vida social carioca, na *Gazeta de Notícias*. Mas ele se projetou de maneira significativa como autor dos *Contos da Carochinha, Histórias da avozinha, Histórias da Baratinha*, que em suas numerosas edições comprovaram seus méritos de um dos nossos melhores e mais queridos divulgadores de estórias. Prova é que suas coletâneas, publicadas em 1894 e 1896, ainda agora são reeditadas.

É uma pena que outros escritores nossos não lhe sigam o exemplo, organizando novas coleções de estórias em vez de criarem relatos para crianças, no esquema destas, nem sempre justificados nas pretensões de agradar, entreter e ensinar. A estória, considerada pelos sábios de todos os tempos inigualável fonte de livros, constitui ainda hoje como amanhã o que de melhor pode ser obtido para a produção de novas obras para a infância e mesmo adultos. Para tanto, porém, há necessidade de que os escritores aliados aos folcloristas façam a investigação, a pesquisa, colham diretamente os exemplares que estão na memória e na boca dos contadores. Sublinhe-se que, nessa atitude e sua concretização, os escritores estarão em condições de dar subsídios aos estudiosos da nossa língua, nos aspectos regionais, desde que na coleta da estória deve obter-se o documento na fala do informante, para depois se proceder à recriação ou adaptação, se for o caso.

Na fala do informante, um contador de estórias de fazenda de Goiás, J. G. Americano do Brasil, anotou e divulgou no livro *Lendas e encantamentos do sertão* a narrativa folclórica de Telenco, que não passa de uma reformulação do entrecho da guerra de Tróia e da *Odisséia*.

Eis como descreve o conselho de Penélope, Zelópe na sua pronúncia, a Ulisses, Urisso, antes de sua partida para Tróia, Bróia:

"Olha milorde, acabando a fufuta, você marcha pra casa; não vai ficar por lá, embelengado com alguma gabirua da corte do tal Príamo (Príamo), e si conseguirtes tomar dele a sirigaita da Irena (Helena), sentido com ela, que se ela foi rapiada é porque consentiu. Quando uma muié não qué, nem o diabo carrega ela. É nossa comadre, porém, depois do sucedido fora com ela. Telenco (Telêmaco) está sem madrinha, porque não quero saber mais dessa findinga."

Sobre o cavalo de Tróia, diz:

"Então, Urisso inventou um cavalo de pau, ocado por dentro, com roda nos pés, e mandaram de presente ao rei Priâmo, que recebeu o quadrúpede com agrado e mandou recolher o suplicante para dentro da muraia. A barriga do dito cavalo de pau estava cheia de guerreiros escoídos e valentes quenem Brasabú (Belzebu). De noite, eles saíram por um buraco disfarçado debaixo do rabo do ruminante e socaram fogo no palácio e nas casas, fazendo um grande banzé de cuia e mixórdia de pega-pega."

Assim ele pinta Telenco (Telêmaco):

"O rapaz era mesmo do chifre furado. Sabia toda sorte de jogo de armas e tinha uma espada roge, que era um raio. Bonito então era até ali. Quando oiava uma moça, esta ficava com zóio virado e não piscava, enquanto ele não virasse a cara pra outra banda. Êta moço pimpão e timive pra namoriscá!"

Lembrando a fidelidade de Penélope, que resistia ao assédio de numerosos pretendentes, falava o contador de estórias:

"Entretanto, a rainha Zelópe estava abarbada com os pretendentes de casório. Ela, pra não desgostar os coiós, afirmou que ia tecer uma carapuça da mais fina seda, pra pôr na cabeça do escolhido, e assim ia engambelando os pacóvios, até saber notícia certa do suposto falecimento do rei esposo. E nunca mais acabava de fazer a carapuça. Por fim, Urisso voltou e pôs água na fervura."

FOLCLORE EM TEXTOS ERUDITOS

O folclore brasileiro estruturou-se como expressão da nossa cultura espontânea nos fins do século XVIII e princípios do século XIX. Antes, era mais precisamente europeu, africano, índio. Comprovam textos da literatura erudita dos três primeiros séculos. Aí, porém, observamos referências a muitos complexos e traços culturais, que se integram no folclore do Brasil, como o conhecemos, além de obras que se ligaram a esse mesmo folclore pelos problemas que levantaram em torno de expressões folclóricas nossas. Tal é o exemplo da *Prosopopéia*, de Bento Teixeira Pinto.

PROSOPOPÉIA

Pode parecer estranho mencionarmos esta obra, que na verdade nada apresenta de folclore. Mas lembre-se que todas as vezes que há comentários sobre o nosso romance folclórico da *Nau Catarineta*, os autores fazem menção à *Prosopopéia*. Pereira da Costa, em "Folclore pernambucano" (separata da *Revista do Instituto Histórico e Geográfico Brasileiro*, tomo LXX, parte II, Rio de Janeiro, 1908), considerou seu autor possível criador primitivo do romance, descrevendo sua odisséia marítima ao viajar de Recife a Lisboa com Jorge Albuquerque Coelho. Ainda, ao estudar a *Nau Catarineta* (Portucalense Editora, 1954), Fernando Castro Pires de Lima referiu-se ao poema de Bento Teixeira Pinto, cotejando-o no texto com o velho romance folclórico.

Explique-se, entretanto, que nesse aspecto ainda estamos com Mário de Andrade, o qual não acreditava que o romance tivesse nascido para celebrar a odisséia náutica referida, que se deu em 1565. Quando muito esta teria contribuído para reativar o romance, sem dúvida anterior, procedente da antiga tradição latina, que perdurou "na memória portuguesa salgada de tanto mar" (Na *Nau Catarineta*, separata da *Revista de Arquivo*, n.º LXXIII, São Paulo, 1941).

De qualquer modo, em nossos dias ainda não se analisa a *Nau Catarineta*, que, surpreendida pela tempestade, desarvorada, navegou errante pelos oceanos, teve fome a bordo e depois se salvou, chegando à terra firme, sem referências à *Prosopopéia*. Este poema, escrito em fins do século XVI, declarou José Veríssimo (*História da literatura brasileira*, Livraria Francisco Alves & Cia., 1929), "marca o primeiro passo dos brasileiros na vida literária, é o primeiro documento da sua vontade de continuar na América a atividade espiritual da metrópole". Possuindo noventa e quatro oitavas em versos endecassílabos, em tom laudatório, modelado nos *Lusíadas* de Camões, foi impresso em 1601 e dedicado a Jorge de Albuquerque Coelho, pernambucano como o autor, o qual foi "testemunha de todas as ocorrências da longa viagem do navio, sofrendo como todos os que iam a bordo das amargas privações provenientes do saque praticado pelos corsários franceses e os mesmos perigos nos naufrágios e nas lutas de abordagem".

No seu ensaio sobre a *Nau Catarineta*, Fernando Castro Pires de Lima, defendendo a tese de que o romance folclórico nasceu da odisséia de Jorge de Albuquerque Coelho, "que se cercou de circunstâncias excepcionais, causando o espanto dos náufragos e de todos quantos dele houveram notícia", recorda a *Prosopopéia*, cuja existência, segundo ele, vem reforçar a solução que pretende dar ao problema. E menciona trechos do poema – como conseguiu Jorge de Albuquerque acalmar a marinhagem desorientada:

> É duma graça natural ornado,
> Os peitos alterados, edifica,
> Vencendo com tuliana eloqüência,
> De modo que direi, tanta demência.

A situação da tripulação, assolada pela fome e pela sede:

> Vindes num lenho côncavo cortando
> As inquietas ondas espumosas,
> Da fome e da sede, a rigor passando,
> E outras faltas em fim dificultosas...

E a chegada a Portugal, depois de largos sofrimentos:

> Por perigos cruéis, por casos vários,
> Hemos dentrar no porto Lusitano.
> (...)
> E assim todos concordes e num ânimo,
> Vencerão o furor do Mar bravíssimo,
> Até que já a Fortuna de enfadada,
> Chegar os deixe à Pátria desejada.
> (...)
> À cidade de Ulisses destroçados,
> Chegarão da Fortuna, e Reino salso
> Os templos visitando consagrados
> Em procissão e cada qual descalço.

Dessa maneira, como vemos, um poema de valor inferior feito para louvar um grande senhor, não apenas se transformou no primeiro documento literário da nossa história, mas também se ligou aos estudos do folclore brasileiro através das discussões que ainda persistem sobre qual a origem da nossa *Nau Catarineta*, um dos mais belos romances folclóricos da língua.

Gregório de Matos

As poesias do baiano Gregório de Matos Guerra, divulgadas nas suas obras completas, constituem importante documentário do folclore seiscentista. Inúmeras superstições, crendices, costumes, ditados, mitos, brinquedos de crianças e adultos, hoje anotados pelos pesquisadores brasileiros, são mencionados nas produções do poeta.

Superstições e crendices, medicina, religião

Faz alusão ao remédio simpático de se queimar a casa de marimbondos para se extinguir logo a dor das suas picadas, dizendo na *Satírica* n.º II:

Dizem que a vingança está
Em lhe saber eu da casa,
Porque deixando-se em brasa,
Um fogo outro abrandará.

"A Cloris, mandando um ramo de flores com uma figa pendente", registra na *Graciosa*:

Essas flores, que uma figa
Levam consigo, meu bem,
Grande mistério contém
Contra a fortuna inimiga.

"A uma dama, tirando o sol da cabeça por um vidro cheio de água", que ainda agora é um processo folclórico para se curar dor de cabeça, oferece um poema, que diz:

Mas com ser a doença clara,
Já eu lho dificultara,
Tremendo em tanto arrebol,
Quer tirar da testa o sol,

Lhe custa os olhos da cara.
(...)
Bem se vale das armas da água,
Que só pode em tanta frágua,
Tanto vidro alívio ser.
(...)
Que se nas águas procura
Em seus ardores abrigo.

No segundo volume da *Satírica*, descreve os implementos dos feiticeiros, em versos assim:

O meu cabaço das ervas,
Combuca de corimá,
A tijela dos angus,
O tacho de aferventar.
O surrão de pele de onça,
Que todo cheio achará
De coisas mui importantes
Para ventura ganhar.

O que tudo vale um reino
Si o souber aferventar
Nas noites de São João.

As cerimônias religiosas dos negros também têm seu lugar na poesia de Gregório. Chamavam-se, então, *calundus*, conforme dizem os cronistas. E o poeta os registra:

Que de quilombos que tenho
Com mestres superlativos,
Nos quais se ensina de noite
Os calundus e feitiços!

Com devoção os freqüentam
Mil sujeitos femininos,
E também muitos barbados,
Que se prezam de Narcisos.

Ventura dizem que buscam
(Não se viu maior delírio!)
Eu que os ouço e vejo, calo
Por não poder diverti-los.

O que sei é que em tais danças
Satanás anda metido,
E que só tal padre mestre
Pode ensinar tais delírios.

Não há mulher desprezada,
Galã desfavorecido,
Que deixe de ir ao quilombo
Dançar o seu bocadinho.

E gastam belas patacas
Com os mestres do cachimbo.
Que são todos jubilados
Em depenar tais patinhos.

E quando vão confessar-se
Encobrem aos padres isto,
Porque o têm por passatempo,
Por costume ou por estilo.

Linguagem

Ditados e perguntas, conhecidos de todos nós, Gregório de Matos usa em poesias várias.

> Quantos há que os telhados têm vidrosos
> E deixam de atirar sua pedrada,
> De sua mesma telha receosos.
>
> Adeus, praia, adeus, ribeira,
> De regatões tabaquista,
> Que vende gato por lebre
> Querendo enganar a vista.
>
> Nenhum modo de desculpa
> Tendes, que valer-vos possa:
> Que se o cão entra na igreja,
> É porque acha aberta a porta.

Mitos e Pedro Malasartes

Mitos de agora, ele já os conhecia. Descreve com acerto a bruxa em que foi transformada a mulher:

> Que me dizem que esta noite
> A bruxa se foi meter,
> E ninguém a viu em casa
> Até que amanheceu.
> Dizei-me se está arranhada
> Porque se está, sinal é,
> Que andou por baixo da folha
> Carmo aquém, e Carmo além.
> (...)

E o nosso Pedro Malasartes aparece em sua poesia:

> Sois moço de boas partes
> Isso não vos posso negar,
> E bem vos posso afirmar

Que Pedro de Malasartes
Elas em vós se repartem
Partes más, e as boas fora,
E nada em vós se melhora
Não sei, Pedro, o que vos diga,
Pois nesta grande fadiga,
Sois asno de porta fora.

Usos e costumes – comidas e bebidas

Dos nossos usos e costumes, fala em "Verdades", do primeiro tomo da *Satírica*:

Os barbeiros rasgam veias
(...)
Comem gentios cajus.
(...)
É marisco o sururu.
(...)
É abóbora e jerimu.
(...)
Papa rala é mingau.
(...)
Tabaco é fumo pisado.
(...)
Peixe de moquém é assado.
(...)
A farinha no Brasil
Primeiro foi a mandioca
Milho estalado é pipoca.
(...)
Toda banana é pacova.
(...)

Tabaco pobre é macaia.
(...)
Aguardente é jeribita.
(...)
Ganhamu é caranguejo.
(...)
Quem come está manducando.

Jogos – brinquedos

Brinquedos folclóricos de crianças e de adultos são recordados pelo poeta: a cabra-cega.

> Um maltrapilho, um ninguém,
> Que anda hoje nestas eras jogando
> Com todos a cabra-cega.

O jogo das argolinhas ou manilhas das cavalhadas de 1685:

> Logo na primeira entrada
> Houve jogo de manilha,
> Que para isso a quadrilha
> Pelo lindo era pintada:
> Quem lhe dava uma encontrada,
> E quem na ponta a levava,
> Tudo então nos agradava.
> (...)
> Cada qual sem mais tardança
> A dama, a quem mais se aplica,
> Levou...
> O que ganhou pela lança.

Festa do Rosário

Conta-nos, também, que já no século XVII os negros faziam suas festas no dia de Nossa Senhora do Rosário. A esse respeito, critica um memorial enviado ao Governador, dizendo:

> Senhor, os negros juízes
> Da Senhora do Rosário
> Fazem por uso ordinário
> Alarde nestes países:
> Como são tão infelizes,
> Que por seus negros pecados
> Andam sempre emascarados
> Contra as leis da polícia,
> Ante vossa senhoria,
> Pedem licença, prostados.
> A um General-capitão
> Suplica a Irmandade preta,
> Que não irão de careta.
> (...)
> Pede que se lhe permita
> Ir o alarde enfrascados
> Calçados de jeritiba.

Viola

Também a viola, instrumento folclórico brasileiro por excelência, não deixa de participar da poesia e da própria vida do nosso Gregório. Violeiro de primeira água, diz "A uma certa dama...":

> Houvera de encomendar-vos
> Outro amor por minha conta,
> Se acaso cantar soubera
> Como sei tanger viola.

Cartas chilenas

O poema satírico de fins do século XVIII, no qual o autor, que se esconde sob o pseudônimo de Critilo, censurou os desmandos de Dom Luís da Cunha Menezes, governador das Minas Gerais, apresenta no seu transcurso três bons registros de fenômenos folclóricos nossos: batuque, tourada e cavalhada. Estes fenômenos existiam na opinião do poeta, que segundo especialistas seria Alvarenga Peixoto e mais provavelmente Cláudio Manuel da Costa ou Tomás Antônio Gonzaga, em Vila Rica, atual Ouro Preto, onde residiam o governador mencionado e seus apaniguados, como representantes do governo português.

Quem bem conhece o batuque, estudado por nós no livro *Folclore de São Paulo* (melodia e ritmo), segunda edição, Ricordi, logo percebe a relação dessa dança com o batuque referido por Critilo. Como este menciona, as nossas batuqueiras costumam levantar um pouco a saia com a ponta dos dedos e procurar o seu cavalheiro na ponta dos pés, para depois lhe dar a umbigada, levantando os braços para cima da cabeça. É justamente o que declara o poeta:

> Fingindo a moça que levanta a saia
> E voando na ponta dos dedinhos,
> Prega no machacaz, de quem gosta,
> A lasciva umbigada, abrindo os braços.

Que se trata mesmo do batuque e não de outra dança, como supõem, provam estes versos:

> Ah! tu, famoso chefe, dás exemplo
> Tu já, tu já batucas, escondido
> Tu também já batucas escondido.

Segundo a tradição das zonas batuqueiras – Capivari, Tietê etc. –, o batuque só se realiza à noite e termina ao amanhecer. É justamente o que também conta o autor das *Cartas chilenas*, ao dizer:

> O criado que sabe que o bom chefe
> Só quer que lhe confessem a verdade,
> O sucesso lhe conta, desta sorte
> Fizemos esta noite um tal batuque!

Acaba-se a função, e chega o dia.

A tourada é descrita com mais pormenores, e a descrição muito se assemelha à das touradas caipiras ou sertanejas do Brasil de hoje. Realiza-se à tarde e antes os organizadores cuidam de molhar a arena de terra para não levantar poeira. A seguir, ouve-se o tocar dos instrumentos musicais, que doces vozes acompanham. E começa a tourada, com o capinha ou o toureiro a fustigar o animal:

> Agora sai um touro levantado,
> Que ao mau capinha, sem fugir, espera.
> Acena-lhe o capinha novamente,
> De novo raspa o chão e logo investe
> Lá vai o mau capinha pelos ares,
> Lá se estende na areia, e o bravo touro
> Lhe dá com o focinho um par de tombos.

Recorda o poeta que a tourada se dá em uma festa religiosa, Senhor do Bonfim, e que nela intervêm os *caretas*, palhaços mascarados, que brincam com os touros mansos, como aliás são quase todos deste brinquedo nosso:

> Os caretas lhe dão mil apupadas,
> Um lhe pega no rabo, e o segura,
> Outro intenta montá-lo, e o grande chefe
> O deixa passear por largo espaço.

Da cavalhada, folguedo popular eqüestre, que pode aparecer no Brasil sob a forma de um simples *jogo de argolinhas* ou de torneios de mouros e cristãos, Critilo faz extenso comentário. E no seu registro, apesar de não mencionar mouros e cristãos, lembra que existe uma luta entre dois grupos.

> Feitas as cortesias de costume,
> Os destros cavaleiros galopeiam,
> Em círculos vistosos pelo campo.
> Logo se formam em diversos corpos
> À maneira das tropas que apresentam sanguinosas batalhas.

Nas cavalhadas de mouros e cristãos sempre se acham presentes bandas de música, que executam peças vibrantes. A elas também se refere o autor das *Cartas chilenas*:

> Soam trompas,
> Soam os atabales, os fagotes,
> Os clarins, os oboés e mais as flautas.

Recorda, a seguir, a existência de dois mantenedores, que são os chefes de cada grupo, como nas cavalhadas atuais. Registra Morais Silva no seu *Dicionário da língua portuguesa* que o mantenedor é "principal cavaleiro das justas e torneios, que defende a empresa contra os combatentes".

O entrecho de guerra, como de outras cavalhadas brasileiras, apresentava o encontro dos cavaleiros, jogo de alcanzias, que são bolas de barro cheias de flores e cinza, jogo de canas, rebatidas com as espadas e cortadas ao meio, tiro de pistolas sobre máscaras colocadas em postes, a imitar supostos inimigos, ou as mesmas arrancadas com espadas e, afinal, o jogo da argolinha, em que esta por meio de lanças era retirada de postes ou de um fio estendido no centro do campo. Eis a palavra de Critilo:

Jogam-se encontroadas, e se atiram
Redondas alcanzias curtas canas,
De que destro inimigo se defende
Com fazê-las no ar em dois pedaços.
Ao fogo das pistolas se desfazem
Nos postes as cabeças. Umas ficam
Dos ferros trespassadas, outras voam.
Sacudidas nas pontas das espadas
Airoso cavaleiro ao ombro encosta
A lança, no princípio da carreira;
No ligeiro cavalo a espora bate;
Desfaz em mão igual o ferro, e logo
Que leva uma argolinha, a rédea toma
E faz que o bruto pare. Doces coros
Aplaudem o sucesso, enchendo os ares
Da grata melodia.

ANCHIETA: MITOS E CATERETÊ

Os cronistas dos séculos XVI a XVIII são mais detalhados nos seus registros folclóricos. Anchieta, por exemplo, sessenta anos depois da descoberta do Brasil, relaciona seres míticos que acabaram se tornando expressão do nosso folclore: o *curupira*, o *ipupiara*, o *boitatá*.

Diz ele: "É cousa sabida e pela boca de todos corre que há certos demônios, a que os brasis chamam *curupira*, que acometem aos índios muitas vezes no mato, dão-lhes de açoites, machucam-os e matam-os. Há também nos rios outros fantasmas, a que chamam *ipupiara*, isto é, que moram na água, que matam do mesmo aos índios. Há também chamados *baetatá*, que quer dizer coisa de fogo, e que é o mesmo como se dissesse o que é todo fogo."

Também cabe a Anchieta, não como escritor, mas como catequista, segundo informação de Couto de Magalhães, a divulgação de uma dança religiosa dos índios, que veio a dar no nosso cateretê ou catira, agora dançado pelos sertanejos brasileiros.

Gandavo: redes, mandiocas, carnes e uma história

Pero de Magalhães Gandavo, em seu *Tratado da terra do Brasil*, escrito em 1570, falando dos costumes de então, conta-nos: "A maior parte das camas do Brasil são redes, as quais armam numa casa com duas cordas e lançam-se nelas a dormir. Esse costume – acrescenta – tomaram dos índios da terra." Entre os alimentos, destaca a *farinha de pau*, que se "faz da raiz duma planta que se chama mandioca a qual é como inhame. Da mesma mandioca, fazem outra maneira de mantimentos, que se chama beijus".

Das carnes de caça, fala o mesmo cronista na *História da província de Santa Cruz*: "Há também a que chamam paca; para comer pelam-nas como leitão e a carne é muito gostosa e das melhores que há na terra." Também se refere à carne do tatu, a qual, como nós, já achava que "tem o sabor quase como de galinha". Das "aves que na terra se comem", enumera os macucos e jacus, "as quais são muito saborosas, e das melhores que há no mato".

O trecho de maior valor folclórico dessa obra de Gandavo, escrita cinco anos depois do *Tratado*, é o "Do monstro marinho que se matou na Capitania de São Vicente, no ano de 1564": "Foi coisa tão nova e tão desusada aos olhos humanos a semelhança daquele feroz e espantoso monstro marinho, que nesta Província se matou no ano de 1564, que ainda que por muitas partes do mundo se tenha já notícia dele, não deixarei todavia de a dar aqui outra vez de novo, relatando por extenso tudo o que acerca disto passou; porque na verdade a maior parte dos retratos ou quase todos em que querem mostrar a semelhança de seu horrendo aspecto, andam errados, e além disso, contam-se o sucesso de sua morte por diferentes maneiras, sendo a verdade uma só, a qual é a seguinte: Na Capitania de São Vicente sendo já alta noite, a horas em que todos

começavam a se entregar ao sono, acertou de sair fora de casa uma
índia escrava do capitão, a qual lançando os olhos a uma várzea, que
pegada com o mar, viu andar nela este monstro, movendo-se de uma
parte para outra com passos e maneios desusados, e dando alguns
urros de quando em quando tão feios, que como pasmada e quase
fora de si veio ao filho do mesmo capitão, cujo nome era Baltazar
Ferreira, e lhe deu conta do que vira, parecendo-lhe que era alguma
visão diabólica; mas como ele fosse não menos sisudo que esforça-
do, e esta gente da terra seja digna de pouco crédito, não lhe deu
logo muitas às suas palavras, e deixando-se estar na cama, tornou
outra vez a mandar fora dizendo-lhe que se afirmasse bem no que
era. E obedecendo a índia a seu mandado, foi; e tornou mais espan-
tada; afirmando-lhe e repetindo-lhe uma vez e outra, que andava ali
uma coisa tão feia, que não podia ser senão o demônio. Então se levantou ele muito depressa e lançou a mão a uma espada que tinha
junto de si, com a qual botou somente uma camisa, pela porta afora,
tendo para si que seria algum tigre ou outro animal da terra conhecido, com a vista do qual se desenganasse do que a índia lhe queria
persuadir, e pondo os olhos naquela parte que ela lhe assinalou
viu confusamente o vulto do monstro ao longo da praia, sem poder
divisar o que era, por causa da noite lho impedir, e o monstro também ser não visto e fora do parecer de todos os outros animais. E
chegando-se um pouco mais a ele, para que melhor se pudesse aju-
dar da vista, foi sentido do mesmo monstro, o qual em levantando
a cabeça, tanto que o viu começou de caminhar para o mar donde
viera. Nisto conheceu o mancebo que era aquilo coisa do mar e antes donde nele se metesse, acudiu com muita presteza a tomar-lhe a
dianteira, e vendo o monstro que ele embargava o caminho, levan-
tou-se direito para cima, como um homem, ficando sobre as barba-
tanas do rabo, e estando assim a par com ele, deu-lhe uma estocada
pela barriga, e dando-lha no mesmo instante se desviou para uma
parte, com tanta velocidade, que não pôde o monstro levá-lo debaixo de si; porém, não pouco frontado, porque o grande torno de
sangue que saiu da ferida, lhe deu no rosto, com tanta força, que

quase ficou sem nenhuma vista; e tanto que o monstro se lançou em terra, deixa o caminho que levava, e assim ferido, urrando com a boca aberta, sem nenhum medo, remeteu a ele, e indo para o tragar a unhas e a dentes, deu-lhe na cabeça uma cutilada muito grande, com a qual ficou já muito débil, e deixando a sua vã porfia, tornou então a caminhar outra vez para o mar. Neste tempo, acudiram alguns escravos aos gritos da índia, que estava em vela; e chegando a ele, o tomaram todos já quase morto e dali o levaram à povoação onde esteve o dia seguinte à vista de toda a gente da terra".

Terminando o relato, acrescentava Gandavo: "Os índios da terra chamam em sua língua *hipupiara*, que quer dizer demônio d'água. Alguns como este se viram já nestas partes, mas acham-se raramente."

Em verdade, porém, esse ser mítico, de que já havia feito referência Anchieta e que chegaria até nós como os *caboclos d'água* do rio São Francisco e demais, não era outra coisa, neste acontecimento de São Vicente de 1564, do que um leão marinho extraviado. Vale-nos o documento, entretanto, com um interessante relato folclórico, ouvido da tradição oral da época.

Gabriel Soares de Souza

Muitos fatos folclóricos do nosso tempo já os registra também Gabriel Soares de Souza no *Tratado descritivo do Brasil de 1587*.

Pedra de bucho

Referindo-se ao gado da Bahia, diz que as vacas "depois de velhas criam algumas no bucho umas maçãs tamanhas como uma péla e maiores", as quais "são muito leves e duras, e dizem que têm virtude". Trata-se, como se vê, das "pedras de bucho", que têm as virtudes de um verdadeiro talismã.

Tipiti e a peneira

Ao descrever a feitura da farinha de mandioca, registra que os índios espremem a massa "em um engenho de palma, a que chamam tapeti, que lhe faz lançar a água que tem toda fora, e fica esta massa toda muito enxuta". Esse "tapeti" é o nosso tipiti e consiste num cesto feito de lasca de taquara, no qual se espreme a mandioca. "Depois de bem espremidas desmancham esta massa sobre uma urupema" – escreve Gabriel Soares, referindo-se, como os nordestinos e nortistas atuais, à peneira.

Artesanato de cabaças

Sobre a utilidade dos frutos do cabaceiro, cuieira ou cuitezeira, fala: "Estas abobras ou cabaços semeia o gentio para fazer delas vasilhas para o seu uso, as quais não costuma comer, mas deixam-nas esta nas abobreiras até se fazerem duras, e como estão de vez, curam-nas no fumo, de que fazem depois vasilhas para acarretarem água, por outras pequenas bebem, outras meias levam às costas cheias de água quando caminham; e costumam cortar estes cabaços em verdes, como estão duros, pelo meio, e depois de curadas estas metades servem-lhes de gamelas, e outros despejos, e as metades dos pequenos servem-lhes de escudelas, e dão-lhes por dentro uma tinta preta, por fora outra amarela, que não tira nunca; e estas são as suas porcelanas."

Utilização do amendoim

Dos usos folclóricos do amendoim, escreve: "comem-se assados e cozidos com a casca, como as castanhas, e são muito saborosos, e torrados fora da casca são melhores". E acrescenta: "Desta fruta fazem as mulheres portuguesas todas as coisas doces, que fazem das amêndoas, e cortados os fazem cobertos de açúcar de mistura como os confeitos."

Cordas, cestos e jangadas

Trata, a seguir, das árvores que dão envira ou embira, fibras que são utilizadas pelos nossos sertanejos pra fazer corda ou estopa; e das "árvores moles", como a epeíba, da qual se constroem jangadas.

Destaca a utilidade dos cipós, timbós e cipó-imbé – "umas cordas muito rijas e muitas, que nascem aos pés das árvores e atrepam por elas acima" – , "que servem em lugar de cordas, e fazem deles cestos melhores que de vime" e "também cestos finos". Lembra o tucum, de cujas folhas se tira "o mais fino linho do mundo, de que fazem linhas de pescar torcidas a mão, e são tão rijas que não quebram com peixe nenhum".

Alimentação: rãs, içás, caranguejo e sururu

Fala dos sapos de Espanha, a que os índios chamam cururus, e das rãs, "as quais se comem esfoladas e são muito alvas e gostosas". Enumera as formigas da terra, entre as quais "a que os índios chamam içans (içás)". Estas formigas "os índios comem torradas sobre o fogo, e trazem-lhe muita festa. E alguns homens brancos que andam entre eles e os mestiços têm por bom jantar, e o gabam de saboroso", como aliás até hoje.

Nesse tempo como agora, "o marisco mais proveitoso à gente da Bahia são uns caranguejos a que os índios chamam *ussás*, os quais são grandes e têm muito que comer". "E não há morador da Bahia" – acrescenta Soares de Souza – "que não manda cada dia um índio mariscar destes caraguejos, que trazem vivos em um cesto serrado feito de verga delgada, a que os índios chamam *samurá* (samburá)". Também fala dos *sururus*, "que são da mesma feição e tamanho e sabor dos mexilhões de Lisboa", e que atualmente dão origem ao prato mais folclórico de Alagoas.

André João Antonil

O nosso folclore está presente em uma das obras mais perseguidas do período colonial, o famoso livro de André João Antonil, *Cultura e opulência do Brasil*, impresso em 1711, e logo depois confiscado e com tal severidade destruído, que dele apenas escaparam três ou quatro volumes, como demonstração do inflexível princípio grandioso – escreve Afonso de Taunay – de que ninguém mata as idéias.

Engenhocas

Ao descrever os engenhos da época, registra a existência dos *reais* e outros inferiores, vulgarmente chamados *engenhocas*, denominação que até hoje se dá aos pequenos estabelecimentos, que se destinam, principalmente, à fabricação da cachaça.

Ditado

Depois de afirmar que "os escravos são as mãos e os pés do senhor de engenho", alude a um ditado que ainda agora corre mundo pela nossa terra: "O Brasil é inferno dos negros, purgatório dos brancos e paraíso dos mulatos." E explica que esses "ordinariamente levam no Brasil a melhor sorte: porque, com aquela parte de sangue dos brancos, que têm nas veias, e talvez dos seus mesmos senhores, os enfeitiçam de tal maneira, que alguns tudo lhes sofrem, tudo lhes perdoam; e parece, que se não atrevem a repreendê-los, antes todos os mimos são seus".

Folguedos e festas

Ao defender o escravo, Antonil faz referência às suas danças e festas, escrevendo: "Negar-lhes totalmente os seus folguedos, que são o único alívio do seu cativeiro, é querê-los desconsolados e melancólicos, de pouca vida e saúde. Portanto, não lhes estranhe os senhores o *criarem de seus reis*, e *bailar* por algumas horas honestamente em alguns dias do ano, e o alegrarem-se honestamente em alguns dias pela manhã e o alegrarem-se honestamente à tarde, depois de terem feito pela manhã suas *festas de Nossa Senhora do Rosário, de São Benedito*, e do orago da capela do engenho, sem gasto dos escravos, acudindo o senhor com sua liberdade aos *juízes*, e dando-lhes algum prêmio do seu continuado trabalho. Porque se os *juízes e juízas das festas* houverem de gastar, do seu, será causa de muitos inconvenientes, e ofensas de Deus."

Aboio de vaqueiro

Falando sobre a condução das boiadas, diz: "Os que trazem são brancos, mulatos e pretos, e também índios." E elas são guiadas, "indo uns diante *cantando*, para serem desta sorte seguidos do gado". Esse registro refere-se ao aboio, melodias geralmente calcadas sobre vogais ou sílabas, que em nosso tempo entoam os boiadeiros, conduzindo o gado.

Francisco Calmon e frei Manuel da Madre de Deus

Agora, mencionamos dois nomes do período colonial, que poderíamos considerar precursores dos atuais folcloristas de nosso país, pela característica de monografia folclórica de seus trabalhos.

O primeiro é Francisco Calmon, nascido em 1703, autor da *Relação das faustíssimas festas*, que celebrou a câmara da vila Nossa Senhora da Purificação e Santo Amaro, da comarca da Bahia, por ocasião do casamento de dona Maria, princesa do Brasil, com Dom Pedro, infante de Portugal.

Francisco Calmon faz referência a diversas danças da época e ao folguedo dos congos, que incluíam as talheiras (taiêras) e quicumbis:

"Entre as danças, distinguiram-se não só as dos mestres mecânicos, cutileiros e carpinteiros, com farsas mouriscas, e dos alfaiates, e a dos sapateiros e correeiros, com a dos congos, que mui agaloados, anunciavam a vinda de um rei negro, o qual depois aparecia com corte de sovas, dançando as *talheiras* e *quicumbis*, ao som de seus instrumentos." O mesmo autor também sugeriu algo parecido aos folguedos dos caiapós e caboclinhos, quando declara: "Seguiam-se índios emplumados e d'arcos e flechas, saindo de ciladas."

O segundo é Frei Manuel da Madre de Deus, que escreveu a *Súmula triunfal* sobre as festas do beato São Gonçalo Garcia, realizadas, em Recife, de agosto a 19 de setembro de 1745. Lembra que esse santo é padroeiro dos homens pardos e conta como apareceu; sua imagem em Pernambuco, levada por um homem pardo, chamado Antonio Ferreira, e registra a pomposa procissão que conduziu a imagem à igreja do Livramento. Esta mais parecia um préstito carnavalesco, pelas alegorias, caráter simbólico, ostentação e uma porção de outras coisas estranhas ao culto religioso.

No dia seguinte, que era um 13 de setembro, houve cavalhada, oriunda da Idade Média, com os clássicos torneios das argolas (jogo de argolinhas), as justas de alcanzias (bolas de barro ocas, cheias de flores e cinzas), sempre ao som de clarins, charamelas, trompas e outros instrumentos sonoros, de caráter marcial. Prolongou-se a cavalhada até o dia imediato com outros números e sortes de aspecto belicoso.

Estas duas obras citadas já apresentam, como dissemos, aspecto de monografias folclóricas, o que é um testemunho que no período colonial havia quem se preocupasse com nossa cultura espontânea. Poetas e cronistas de então interessavam-se mais por essa cultura do que muita gente louvada, com mirra e incenso, que veio depois. E em suas obras encontram-se o folclore nascente do Brasil.

DESENVOLVIMENTO DA PESQUISA SOBRE FOLCLORE

Na história do estudo, análise e interpretação do folclore, no Brasil, a primeira contribuição, que se deve mencionar, é a do maranhense Celso da Cunha Magalhães, autor de uma série de artigos, sobre assunto relativo à matéria, publicados nos jornais *O Trabalho*, de Recife, e *O Domingo*, de São Luís. Esses artigos, divulgados em 1873, foram em 1960 reunidos em livro, editado pelo Departamento de Cultura do Maranhão, sob o título *A poesia popular brasileira*. Celso era um racista ao dizer que o nosso povo, por causa do índio e do negro, deturpou o que recebemos de Portugal. Fala da estupidez desse povo e destaca, no domínio da cultura espontânea, como o definimos, o Estado do Maranhão, por haver conservado hábitos portugueses, festas, tradições, lendas, romances. É um verdadeiro português, de índole e gênio, quando se refere à nossa pobreza poética, conseqüência das péssimas condições de transplantação da cultura de além-mar para o território brasileiro, resultando, enfim, na corrupção fatal. Já acreditava, porém, na origem individual da poesia popular e na sua característica de aceitação coletiva, concordando com as expressões do sentir, pensar, agir e reagir da coletividade. Foi dos primeiros brasileiros a relacionar diferentes aspectos de nosso folclore: festas, folguedos populares e, principalmente, literatura de procedência ibérica. Refere-se à chegança, brinquedo de marujos, bumba-meu-boi, cavalinho, caipora e brigas de galo, em

Pernambuco. Comprova a existência, entre nós, dos romances da *Donzela que vai à guerra*, *Noiva Arraiana*, *Silvaninha* etc., e oferece um documento de "Dona Juliana e D. Jorge".

Um ano depois, em 1874, o jornal *O Globo*, do Rio de Janeiro, começa a publicar cartas de José de Alencar, dirigidas ao sr. Joaquim Serra, com o título de "O nosso cancioneiro". Nas cartas, editadas em 1962, num pequeno livro de título semelhante, conta que andava preocupado em recolher romances e poemas populares, tendo sido auxiliado na tarefa por Capistrano de Abreu. Divulga uma versão cearense do romance do boi. *O rabicho da Geralda*, esclarecendo que a Geralda era uma fazendeira viúva e rica, menciona o romance do Boi Espácio, doce de queixume e tom saudoso, o aboiar de nossos vaqueiros, ária tocante e maviosa. Bem diferente de Celso, José de Alencar chama o povo de primeiro dos clássicos e igualmente dos gramáticos, sugerindo aos escritores nacionais que voltem à sua língua, termos e locuções, usos e sentimentos. Chama a atenção não apenas para o vocabulário, mas até para a sintaxe da linguagem popular brasileira!

De 1882 é o livro *Cantos populares do Brasil*, de Sílvio Romero, sem dúvida o primeiro grande sistematizador do folclore brasileiro. Refere-se, no prefácio, às superstições e crendices, festas de igrejas e do ciclo anual, bumba-meu-boi, marujos, congos, taiêras, pastorinhas, batuques, chibas, sambas, candomblés, cateretê, fandango, baiano, modinha, desafio, potirão, aboiar, romances e xácaras, ditados, adivinhações, capoeira. Acredita no fator racial português, índio e africano, na formação do nosso folclore. Diz que esses três povos distintos existem ainda e que, no futuro, o branco deve predominar sobre índios e negros no número, como já prepondera nas idéias. Divide a população brasileira em quatro secções naturais: habitantes das praias e grandes rios, habitantes das matas, habitantes dos sertões e habitantes das cidades. Relacionando a contribuição do português que para ele ainda é a mais importante, e as do mestiço, oferece rica documentação dos romances e xácaras, dos bailes, cheganças e reisados, versos gerais, orações e parlendas. Em 1883 publica os seus *Contos populares do Brasil*, com numerosos documentos, considerando a origem européia (português), indígena, africana e mestiça. Na sua opinião, os criadores do folclore brasileiro são as três raças distintas: portuguesa, indígena e africana, destacando a portuguesa como a raça superiora. Se bem que essa teoria folclórica de Sílvio Romero se encontre inteiramente superada, não podemos deixar de situá-lo em lugar de muita importância nos estudos do folclore brasileiro, pela documentação que nos deixou, como também por diferentes conceitos relevantes que emitiu e merecem ainda hoje nossa atenção. Como aquele em que diz: "O negro influenciou-nos toda a vida íntima", ou este outro: "Somos uns figurinos do pensamento, exibimos a roupa alheia e não tratamos de talhar uma que nos vá a jeito e a caráter." Essas duas obras do escritor sergipano foram, posteriormente, editadas em três volumes, com anotações de Luiz da Câmara Cascudo, pela Livraria José Olympio, sob o título de *Folclore brasileiro*.

Em 1889, um discípulo de Sílvio Romero publicou, em Paris, um livro destinado a divulgar temas do nosso folclore. Trata-se de *Folklore Brésiliene*, e seu autor, o paraense Frederico José de Sant'anna Néri, era um brasileiro ilustre, formado em direito pela Universidade de Roma e bacharel em ciências pela Sorbonne. À posição de prestígio, que ocupava na capital francesa, amigo de intelectuais de renome e do príncipe Roland Bonaparte, que lhe prefaciou a obra, acrescentando-se a importância da língua em que foi escrita, muito contribuiu para a divulgação do assunto, na Europa, chamando, inclusive, a atenção de outros brasileiros daqui para o nosso folclore. Apesar de fazer questão de revelar sua intenções de mero vulgarizador, Sant'anna Néri já se refere à existência visível de traços holandeses, franceses e espanhóis no folclore brasileiro, embora mencione, como principal, a amálgama de portugueses, africanos e indígenas. Mesmo com base na simples divulgação, *Folklore Brésilien* tem méritos revelados na honestidade de seus propósitos. Mencione-se ainda a importância da pequena documentação musical que apresenta, com alguns temas registrados por Itiberê da Cunha, inclusive o do fandango paranaense "Balaio, meu bem, balaio", usado por esse compositor na peça pianística *A sertaneja*.

Em 1903, publica-se, em Fortaleza, o *Cancioneiro do Norte*, do paraibano Rodrigues de Carvalho, sem dúvida a primeira abordagem do folclore de uma região brasileira: o Nordeste. Além da documentação que apresenta, essa obra representa um progresso, ao defender a tese do hibridismo, cuidando de ver o folclore no processo de mestiçagem, que seria o da aculturação de nossos dias. Negando a importância de se saber se este procede do português, do africano ou do índio, por causa da problemática da mestiçagem, observada em nosso país, Rodrigues de Carvalho sugere o estudo do meio do seu relacionamento com o folclore, a fim de verificar as modificações deste. Entusiasmado pelo nosso povo e o julgando muito inteligente, acaba por dizer que pela observação de seus contos e harmonia da trova deseja avaliar da inteligência de um povo, como se esse fosse o objetivo de quem o estuda nas suas expressões de cultura espontânea, de folclore.

Pereira da Costa – Francisco Augusto Pereira da Costa –, historiador nascido em Recife, é autor da importante obra *Folclore pernambucano*, editada na *Revista do Instituto Histórico e Geográfico Brasileiro*, do Rio de Janeiro, em 1908. Revela superstições procedentes do português, sem esquecer as contribuições holandesas, italianas, indígenas, africanas. "As superstições e crendices do nosso povo constituem um misto geral e complexo de todas essas estranhas influências, reunidamente, e consubstanciadas em um vínculo harmônico e hereditário, mas de dificílima discriminação, para precisar ou presumidamente mesmo fixar-se origens." Acrescenta Pereira da Costa que o mesmo se dá com a poesia popular. O interesse dele se reflete apenas na coleta do material. Registra ditados, coisas do diabo, seres míticos, histórias, lendas, orações, parlendas, folclore do cangaceiro Cabeleira, festas de santos, danças de São Gonçalo, pastorinhas ou pastoris, festejos das bandeira de santos, procissões, batuque, maracatu, velório, eleição dos reis do congo, mineiro-pau, fandango ou folgança de marujos, bumba-meu-boi, romances peninsulares ibéricos e outros.

Somente em 1918 um escritor volta a se interessar pelo assunto, no sentido da teoria folclórica. É o mineiro Lindolfo Gomes, autor de *Contos populares brasileiros*, mais com base em documentos recolhidos em Minas Gerais. Muito esclarecido, diz que é difícil precisar origens raciais nos contos, acrescentando que estes podem proceder de tradições do Egito, da Grécia, do povo romano, das indianas, da Ásia e África, da Europa e América. Nessas tradições, os investigadores têm encontrado, em variantes múltiplas, contos perfeitamente semelhantes. Lindolfo Gomes foi quem primeiro propôs a classificação de nossas histórias em ciclos temáticos, ordenando-as no ciclo do preguiçoso, coelho e onça, pai João, diabo, Pedro Malasartes.

No ano seguinte, em 1919, aparece *O folclore*, de João Ribeiro, historiador, gramático e lingüista. Também ele mostra a inconseqüência de se defender origens raciais no nosso folclore. Analisando os temas originais dos contos, afirma que, quando muito, podemos falar em fontes prováveis. E esclarece: "Nem sempre é coisa fácil acertar com a genealogia histórica dos contos." De qualquer modo, a comprovar essas dificuldades, João Ribeiro estuda a estória da *Festa no céu*, o mito do Lobisomem, o jogo do pião, o pega infantil "Fui indo por um caminho" etc.

Interessadíssimo pelo folclore, o escritor cearense Gustavo Barroso nos deixou vários livros em que aborda a nossa matéria, a comprovar, por vezes, largo conhecimento da bibliografia folclórica universal do seu tempo. Sua obra de maior prestígio, entretanto, é a publicada em 1921, sob o título de *Ao som da viola*. Gustavo Barroso, através de seus estudos, verificou a semelhança que existe entre todos os folclores e escreveu: "As formas variam ao infinito de país a país. O seu fundo continua o mesmo, desde a Ásia longínqua até as terras americanas. Raros os contos, as lendas ou as fábulas que se não encontram em todos os povos, em variantes as mais diversas." Em conseqüência, deixa de lado o problema de origens e de raças, para dividir o folclore sertanejo, principalmente do Nordeste, que analisa, em ciclos mais ou menos temáticos. O dos bandeirantes, do Natal, dos vaqueiros, dos cangaceiros, dos caboclos, dos animais.

Em 1925 e 1931, o jornalista e escritor paulista Amadeu Amaral, que já havia publicado a gramática e vocabulário *O dialeto caipira* e outros estudos sobre a matéria, divulgou uma série de artigos e mesmo ensaios, reunidos e editados, em 1948, sob o título de *Tradições populares*. Amadeu já partia para a caracterização do folclore e sugeria a pesquisa como a melhor maneira de conhecê-lo. O folclore, dizia, não pode ser compreendido se não o vemos no seu entrelaçamento. A poesia, por exemplo, especialmente a roceira, está relacionada à música, à dança e ligada e sustentada por atos coletivos diversos. Provém o folclore de duas correntes: uma tradicional e outra inventiva e individual, em plena atividade criadora e transformadora. E pode ser originário de autor individual, culto ou inculto, não importa. A primeira coisa que se deve fazer é "procurar, coligir, cotejar materiais, acompanhados de informações exatas". O folclore, afirmava, precisava ser estudado com um pouco menos de imaginação e sentimento e um pouco mais de objetividade, menos literatura e mais documentação. Antes de qualquer conclusão, observar seriamente, pacientemente, os costumes, ritos, usanças do povo, sua linguagem, a vida dos núcleos populosos urbanos e rurais e das populações esparsas, coletando com o mais rigoroso cuidado as expressões ligadas a tais costumes, ritos e usanças. Na coleta, em muitos casos, sublinhava Amadeu Amaral, devemos vencer as naturais reservas e desconfianças com o que o povo, em toda parte do mundo, fecha as suas coisas à curiosidade nem sempre discreta da gente engravatada. Lembrava que os intelectuais eram levados a se interessar pela nossa matéria "por uma espécie de admiração romântica de seus conterrâneos, pelo transparente desejo de os glorificar, provando que eles são muito inteligentes, muito engraçados ou muito imaginosos". E, por isso, sugeria que se imprimisse "aos estudos de folclore uma orientação mais séria, mais metódica, mais fecunda, espancando a atmosfera de curiosidade vaga, de diversão inócua e de sentimentalismo convencional". Só assim haveremos de ver o nosso povo, esclarecia, com suas qualidades e defeitos, com suas fraquezas e suas forças, assim nós o surpreenderemos "inteiro, alma, coração, instintos, tendências, crenças, aspirações, preconceitos". Em conseqüência destas considerações, Amadeu Amaral pode e deve ser considerado o primeiro grande professor de folclore do Brasil. Ele emitiu conceitos sobre o estudo de nossa matéria, que ainda agora são, em muitos pontos, de inteira atualidade científica, se bem que no fundamento teórico de um dos mais eminentes folcloristas do mundo, o francês Arnold Van Gennep.

Do mineiro Basílio de Magalhães é a obra *O folclore no Brasil*, com primeira edição de 1928 e segunda em 1939. O objetivo imediato foi o de anotar e divulgar a coletânea de 81 histórias, registradas por João da Silva Campos, na Bahia. Mas Basílio de Magalhães acabou por incluir na obra alguns estudos importantes para melhor conhecimento do folclore brasileiro. Destaque-se o que se refere ao levantamento e análise sucinta da bibliografia folclórica brasileira ou de livros de interesse para o estudo do folclore do Brasil, no qual chama atenção para a nossa literatura de cordel. Considerando folclore a prosa e a poesia espontânea da alma do povo, colhidas nas cidades ou nos sertões, sem emendas, sem polimentos, sem atavios de qualquer espécie, relaciona nessa bibliografia, em que se incluem obras de mero aproveitamento ou de inspiração folclórica, muitos aspectos do folclore brasileiro: mitos, lendas, estórias, poesia, música, crendices e superstições, uso e costumes, ditados, adivinhas, vocabulários. Por vezes encontrados em artigos de revistas regionais, de pequena tiragem, tal o exemplo de "Festas populares piauienses", de Matias Olímpio, divulgado no terceiro número da publicação *Literatura*, de Teresina, em 1913, ou em livretos como o *Guia da ca-*

poeira ou ginástica brasileira, editado no Rio de Janeiro, sem nome de autor, em 1885. Esclarecendo que o folclore revela atividade intelectual criadora, assimiladora e transformadora, Basílio de Magalhães aborda, nos demais estudos de *Folclore do Brasil*, outros temas, dos quais merece especial menção o que relaciona os mitos gerais e regionais do país, numa grande síntese explicativa, se bem que hoje valendo reparos.

O escritor paulista Mário de Andrade foi quem deu início ao estudo científico de folclore no Brasil. Demonstrando sempre maior interesse pela música folclórica, começou publicando, em 1928, seu *Ensaio sobre música brasileira*, no qual divulga numerosos temas de cantos folclóricos, recolhidos por ele, com a principal finalidade de chamar a atenção de nossos compositores musicais eruditos para o assunto. A partir de então, visando a conhecer e analisar a música folclórica, prosseguiu seu trabalho de coleta e pesquisa, mais voltado para o Nordeste do que para a sua região. De São Paulo apenas estudou, mais seriamente, uma modalidade de samba, o samba da Pirapora, campineiro ou de bumbo, divulgando o resultado em 1937, em trabalho que recebeu o título de *Samba rural paulista* e que se acha, hoje, no vol. XI das *Obras completas*, denominado *Aspectos da música brasileira*. Dois anos depois, em 1939, no livro *Namoros com a medicina*, publica estudo sobre temas jamais abordados pelos nossos folcloristas: a aplicação dos excretos humanos e de animais na terapêutica folclórica. Analisa a aplicação, a obsessão pelas porcarias, pelas palavras feias, o que se chama coprolalia, e o uso dos excrementos nas práticas mágicas. Trata-se do único trabalho brasileiro no domínio do folclore secreto, com interpretação de dados. Bem mais tarde, em 1946, depois de sua morte, apareceu o resultado de sua pesquisas, no Norte e Nordeste do país, nos três volumes de *Danças dramáticas no Brasil*, nos quais se incluem também algum material coletado em São Paulo. Afinal, em 1962, é publicado o seu livro *Música de feitiçaria no Brasil*, um resumo de suas observações no domínio do candomblé, candomblé de caboclo, catimbó, pajelança e macumba. Se bem que jamais se considerando um verdadeiro folclorista, mas apenas um enamorado do folclore, foi quem primeiro e de maneira mais direta estimulou e orientou os estudos científicos da matéria entre nós. Também se devem a Mário de Andrade as primeiras expedições científicas de folclore do Brasil, que foram realizadas no Norte e Nordeste.

O folclorista rio-grandense-do-norte, Luiz da Câmara Cascudo, é uma de nossas maiores autoridades em bibliografia folclórica. Sua atividade teve início, em 1939, com a publicação do livro *Vaqueiros e cantadores*, no qual reuniu, segundo suas próprias palavras, o que foi possível salvar da memória e das leituras, para o estudo sereno do folclore brasileiro. Estuda aí a poesia sertaneja de animais, algumas integrando também o folclore de outras regiões do país. Analisa o desafio, seu canto e acompanhamento, com resumo da biografia dos cantadores. Apresenta alguns documentos de literatura de cordel, inclusive o que se refere à "História de Genevra", que nada mais é do que a novela nona da segunda jornada do *Decameron*, de Boccaccio, transformada em sextilhas sertanejas. Outra obra de sua autoria, que deve ser valorizada, porque representa completo levantamento bibliográfico de nossos mitos, foi publicada antes, em 1947, e se intitula *Geografia dos mitos brasileiros*. Pouco antes, em 1944, Câmara Cascudo iniciou a publicação de sua *Antologia do folclore brasileiro*, agora em quinta edição, que constitui livro imprescindível para o estudo da história de nosso folclore, incluindo resumos bibliográficos dos autores de cujas obras foram destacados estes e aqueles aspectos da cultura espontânea, a começar pelos viajantes e cronistas, que os observaram entre índios e africanos e terminando com os folcloristas já falecidos. Finalmente, mencionem-se os *Contos tradicionais do Brasil*, o tomo "Literatura oral", da *História da literatura brasileira*, publicada pela José Olympio, os dois volumes já editados da sua *História da alimentação no Brasil* e o seu *Dicionário do folclore brasileiro*.

Outro folclorista, que merece maior destaque, é o historiador e lingüista Joaquim Ribeiro. Em sua obra de 1944, *Folclore brasileiro*, mostrou todo o seu profundo interesse pelo estudo, análise e interpretação das manifestações de cultura espontânea. Na orientação de Pierre Saintyves, dava o seu conceito de folclore, considerando-o o estudo da cultura tradicional e popular em todas as sua feições e modalidades. Imprimia-lhe, portanto, um sentido bastante amplo, incluindo no seu domínio todas as manifestações de cultura espontânea, como hoje as denominamos. Procurando explicar o homem brasileiro através do estudo e classificação de materiais folclóricos, utilizou o critério das áreas e ciclos culturais, oferecendo sugestões de trabalho a muitos especialistas brasileiros interessados nas fixações dessas áreas. Em 1946, publicou o livro *Folclore dos bandeirantes*, um excelente estudo de folclore histórico, elaborado com base em documentação antiga. Refere-se, então, às camadas iniciais de nosso folclore, que procederiam de um ciclo costeiro, com o folclore dos navegadores e da vida praieira dos primeiro colonos; do ciclo dos engenhos, expressão que propõe para designar a vida do habitante da zona agrícola; do ciclo dos bandeirantes, que segue o movimento de penetração, que se irradia do planalto paulista; do ciclo dos pastores, compreendendo a cultura pastoril das margens do São Francisco; e o ciclo da mineração, representando a atividade humana na região das minas. Em todas as suas considerações teóricas teve sempre a humildade do verdadeiro estudioso de folclore, dizendo, como na "Advertência Preliminar" do *Folclore dos bandeirantes*: "As obras desta natureza nunca são definitivas e exigem contínuas revisões, acréscimos e até mesmo retificações."

Autor da *História da música brasileira*, editada em 1942, que ainda hoje é o livro fonte para o estudo de muitos aspectos de nossa música folclórica, Renato Almeida, baiano que se fez carioca, a partir de 1947, passou a ser considerado, com justa razão, um dos maiores mestres do estudo do folclore em nosso país. Criava, então, a

Comissão Nacional de Folclore, do IBECC, da qual foi seu secretário-geral e, depois, seu presidente, além de dirigir a Campanha de Defesa do Folclore Brasileiro, do Ministério de Educação e Cultura. Em todos esses anos, tem demonstrado sua grande capacidade de homem de ciência e de estimulador dos estudos de folclore no país.

Como homem da ciência, Renato Almeida alcançou maior prestígio ao escrever *Inteligência do folclore*, grande tratado científico do folclore, editado em 1957. Na obra, mostra a característica autônoma de nossa matéria no quadro da Antropologia, ligando-se à Antropologia Cultural ou Etnologia. Destaca-lhe o caráter funcional, esclarecendo que o folclore traduz a experiência da vida coletiva, revela as atitudes do grupo e espelha os modos de ser da comunidade, exatamente pelas funções que preenche. Aborda o problema da criação folclórica, referindo-se ao contínuo erudito-popular da Idade Média, às histórias que vieram da Arábia e inundaram a Europa e outras questões relacionadas à literatura folclórica. Afirma que essa criação é um mistério permanente que existe em função da inspiração e da fantasia de cada homem. Relaciona, a seguir, as diferentes teorias explicativas do mito, dizendo que o folclore aprofunda o olhar por cima das coisas para conhecer o eterno desconhecido – o homem. Coteja materiais referentes à cultura, escolas e especialistas que a conceituaram e a interpretaram, comprovando a importância do assunto para o folclorista. Destaca a problemática da difusão folclórica, esclarecendo que as melhores pesquisas no setor têm sido feitas pelos interessados na história ou conto e sublinhando que no folclore há sempre clarões de aurora, porque sua criação é contínua e interminável. Seguem-se, nessa importante obra de Renato Almeida, capítulos sobre metodologia e técnica de pesquisa, terminando o autor por dizer que o estudo do homem não pode prescindir do conhecimento das formas do seu folclore, como manifestações básicas de suas idéias, de suas vontades e de seus sentimentos.

Na bibliografia de estudo de folclore, pela atualidade, devem mencionar-se ainda as obras dos folcloristas Édison Carneiro e Paulo de Carvalho Neto. Édison Carneiro, além de ser autor do melhor estudo relativo às manifestações religiosas de aculturação africana, na cidade de Salvador, *Candomblés da Bahia*, com numerosas edições, escreveu interessante livro sobre a *Dinâmica do folclore*, em 1950, outro intitulado *A sabedoria popular* (1957), em que reuniu artigos de muita categoria científica, inclusive um em que sugere uma "Classificação decimal do folclore brasileiro", além de um trabalho dedicado à bibliografia: Folclore nacional.

Paulo de Carvalho Neto, sergipano de origem, é hoje, talvez, o maior especialista em folclore latino-americano do nosso continente. Tem trabalhos sobre o folclore brasileiro, uruguaio, paraguaio, colombiano, equatoriano, revelando uma atividade ímpar no domínio da matéria. Em 1961, publicou no Equador, em língua castelhana, o excelente livro *Folklore y educación*, que consideramos indispensável para orientação do professor que deseja aproveitar folclore na escola. Da obra, destaque-se a "Parte tercera: folklore desechable", em que analisa o que se denomina "folclore secreto", dividido em fatos genitais, escatológicos, paraescatológicos, parapsicopatológicos, agressivos.

Encerrando este capítulo, queremos nos referir a bibliografias gerais de folclore. A primeira de Mário de Andrade, incluída no volume *Manual de bibliografia de estudos brasileiros*, de 1949, e a outra de Édison Carneiro, *O folclore nacional* (1943-1953), ambas seletivas e críticas. Em 1971, no Encontro Internacional de Estudos Brasileiros, realizado na Universidade de São Paulo, foi lançada uma *Bibliografia de folclore brasileiro*, feita por Cristina Argenton Coloneli, com 3.188 referências de livros, monografias e artigos inseridos em periódicos, de interesse ou sem qualquer interesse para o estudo de folclore. Observa-se uma desorientação conceitual e metodológica, com inclusão de literatura popularesca de umbanda e gravações antigas de moda caipira. Sua grande utilidade reside no recenseamento de periódicos que possuem artigos de folclore. No mesmo ano,

Bráulio do Nascimento publicava na Biblioteca Nacional a sua "Bibliografia do Folclore Brasileiro", com 2.469 referências, incluindo trabalhos de folclore, livros que possuem dados de folclore e de aproveitamento de folclore. Como a anterior, seria mais útil caso relacionasse apenas os trabalhos de folclore ou feitos com o objetivo de documentar ou estudar folclore, a não ser que tivesse orientação descritiva ou crítica.

SELEÇÃO BIBLIOGRÁFICA
(1950-1976)

Quanto a estudo e pesquisa, bibliográfica e de documentação, não se pode abandonar temas relativos a folclore sem a base teórica de conceitos que procurem explicar a realidade folclórica do homem e ofereçam a necessária orientação para análise e interpretação de dados. Com essa finalidade, temos desenvolvido um trabalho, a partir do Centro de Pesquisas Folclóricas "Mário de Andrade", que fundamos em 1946, com os nossos alunos do Conservatório Dramático e Musical de São Paulo. Em 1951, recebendo colaboração de Oracy Nogueira, apresentamos ao I Congresso Brasileiro de Folclore uma proposição que dava as características do fenômeno folclórico, segundo observações feitas no campo da pesquisa, e que acabou sendo oficializada e incluída, quase na íntegra, na *Carta do Folclore Brasileiro*. Nessa ocasião, já se admitia que o folclore existe sem o fundamento tradicional e que pode não ser conseqüência do anonimato, características que ainda hoje são consideradas específicas do fenômeno por folcloristas, que votaram a Carta, mas preferem continuar a viver no passado. À frente do movimento de estudo e pesquisa, em São Paulo, não apenas aceitamos as inovações, resultantes de nossa atividade, como as registramos no conceito de folclore, divulgado na primeira edição de nosso *Abecê de folclore*, por atenderem à realidade da pesquisa de campo, que era nosso principal objetivo. Nova posição teórica tomamos por ocasião do Congresso Internacional de Folclore, realizado na Capital, São Paulo, em 1954, através de proposta que redigimos novamente com Oracy Nogueira. Atualizando o conceito anterior, destacamos a característica de espontaneidade do fenômeno, de como ele é sempre atual, vivido e revivido, esclarecendo que sua concepção com sobrevivência, anacronismo ou vestígio de passado está a refletir etnocentrismo ou outro preconceito do observador estranho à coletividade.

Como conseqüência de nossa evolução teórica, sempre resultante de observação e análise do fenômeno no campo da pesquisa, acabamos por elaborar uma teoria de folclore, hoje base científica da Escola de Folclore e do Museu de Folclore. Essa formulação teórica constata a existência de uma cultura que explica melhor cada um de nós, na vivência da família, sítio, fazenda, bairro, cidade, região, país, considerados o difusionismo, o paralelismo cultural e os universais de cultura de todos os homens. É uma cultura informal, que recebemos, aceitamos e transmitimos, dentro de um mecanismo bem diferente do que ocorre com as culturas dirigidas: erudita, popularesca e de massas. A esta cultura denominamos cultura espontânea; ela é espontânea no seu condicionamento inconsciente de sermos levados a fazer, processo de imitação de fazermos imitando o que os outros fazem e da aceitação coletiva, em que se observa a liberdade de aceitar ou recusar.

A cultura espontânea é observada em todos nós, devendo tomar-se o cuidado de verificá-la fora da ação direta da comunicação das culturas dirigidas e sempre nas suas características de condicionamento inconsciente, da imitação e da aceitação coletiva espontânea, que constitui seu elemento marcante. Coexistindo com a cultura erudita, popularesca e de massas, pode sofrer sua ação indireta, desde que cessada fonte que aciona a comunicação dessas culturas ou que delas se distancie no tempo e no espaço. Portanto, a cultura espontânea, em cujo contexto existe a criatividade ou inventiva humana, pode apresentar manifestações que tenham pertencido à cultura erudita e mesmo à cultura popularesca e de massas, sempre na dependência de uma aceitação coletiva, caracterizada pela espontaneidade.

Em nosso entender, essa cultura espontânea, que melhor explica a feição brasileira, norte-americana, francesa, italiana ou alemã etc., é o objeto do folclore, ciência sociocultural que estuda a cultura espontânea do homem da sociedade letrada. Ciência do homem, uma das ciências humanas, que se propõe a investigar uma determinada cultura do homem de nossa sociedade, utilizando sua metodologia eclética. Uma cultura que jamais poderia ser identificada a uma chamada cultura popular, que, para nós, define, principalmente, uma cultura comercial. Já Mário de Andrade havia se apercebido desse problema, quando desejou separar a música folclórica da designada música popular, sugerindo que esta passasse a se chamar música popularesca, porque, no seu dizer, o popular seria o folclore. Na realidade, porém, a música comercial ou de consumo continuou a ser denominada popular, acrescentando-se, com o correr do tempo, as expressões arte popular e cultura popular, que passaram a ser usadas tanto para o título de manifestações folclóricas como das resultantes de uma atividade comercial. Em conseqüência, a bibliografia e a documentação que aparecem sob esses rótulos devem merecer uma revisão crítica antes de as relacionarmos num contexto de folclore brasileiro. Verificando e analisando as expressões música popular, arte popular, cultura popular, chega-se à conclusão, quanto à bibliografia, de que elas são adotadas por quem, de modo geral, não tem qualquer orientação relativa a folclore, mas que, julgando-o muito importante, sente necessidade de incluí-lo em diferentes formas de sua comunicação. Especialmente porque um suposto popular de raízes folclóricas brasileiras chama mais atenção e pode ser propagado e até apoiado oficialmente, mesmo que, na realidade, nada tenha a ver com folclore. Aliás, é o que está ocorrendo, de maneira pronunciada, no domínio da música e das artes plásticas, em que manifestações comerciais, popularescas, portanto, se apresentam como características da cultura brasileira. A confusão de folclore com o popular, que é principalmente o popularesco, está estabelecida e infelizmente estimulada por alguns folcloristas, que ora se dizem etnógrafos, etnólogos, antropólogos, demopsicólogos, folclorólogos, e também por sociólogos e antropólogos que, ultimamente, resolveram se projetar à custa do folclore, ajudando a aumentar a confusão.

Entretanto, esse aspecto negativo pode ser enfrentado e anulado se partirmos de uma orientação teórica, científica, comprovada, como a nossa, em uma observação e experiência de pesquisa de campo para o estabelecimento da diferença entre o que é e o que não é folclore. Só dessa maneira haveremos de organizar bibliografias que realmente sejam de importância e valor para o desenvolvimento do estudo e pesquisa, em nossa matéria. A propósito, para a consecução do objetivo gostaríamos que estivessem bem relacionados o folclorista e o bibliotecário, especializado em folclore, como o fazemos na assessoria de Magaly França Villaça, com a bibliotecária Maria Alice de Vicencio, para comporem juntas bibliografias seletivas, com base em leitura de texto, que sem dúvida são mais úteis. Aqui, nossa orientação teórica tem por fundamento a teoria de cultura espontânea, que nos permite, através da metodologia eclética do folclore, na qual damos prevalência aos métodos geográfico, histórico-comparativo, sociológico, com enfoques funcionalistas e de aculturação, analisar e definir a manifestação folclórica em qualquer homem que pertença à sociedade letrada. Considerados o difusionismo, o paralelismo cultural e os universais da cultura, nós nos libertamos de regionalismos inconseqüentes e absurdos ou de supostas áreas culturais, que tolhem e restringem a visão do cientista humano, e passamos a observar o folclore nos seus complexos culturais espontâneos, em todo o contexto da sociedade brasileira. Na nossa orientação, esses complexos culturais espontâneos compreendem a linguagem, usos e costumes, superstições e crendices, medicina, literatura, casa e indumentária, comidas e bebidas, coleta e atividade extrativa, agricultura, caça e pesca, pecuária, avicultura, transporte, religião, festa, rodas e jogos, dança, teatro, música, arte, artesanato, máquinas e ferramentas, incluindo tecnologia. Para sua pesquisa e estudo, temos uma teoria e metodologia e devemos possuir uma bibliografia e documentação, bibliografia que tenha por base uma coleta de dados na aplicação do método científico ou que nos ofereça alguma documentação, pequena que seja, resultante da observação do autor ou autores. Estamos empenhados em dar ao estudo do folclore a seriedade necessária e jamais incluímos na bibliografia de folclore qualquer livro, artigo ou documento que não tenha sido elaborado por autor interessado em registrar, para documentar ou estudar, sem a preocupação de teorizar, em detrimento dos dados de folclore, este ou aquele aspecto ou o complexo cultural espontâneo, no seu todo.

Nessa orientação, a bibliografia aconselhável até os primeiros anos da década de 50, depois da referenciada por Mário de Andrade na edição do *Manual bibliográfico de estudos brasileiros,* de 1949, é a do trabalho *O folclore nacional (1943-1953),* de Édison Carneiro, incluído em nossa bibliografia, e ao qual remetemos o interessado em estudo e pesquisa de folclore. Na década de 50, como conseqüência da atividade de Renato Almeida à frente da Comissão Nacional de Folclore do IBECC, logo se destacaram, no âmbito da entidade, em bibliografia e documentação, as comissões regionais; de São Paulo, liderada por Rossini Tavares de Lima; de Santa Catarina, dirigida por Osvaldo R. Cabral; de Espírito Santo, coordenada por Guilherme Santos Neves; do Rio Grande do Sul, por Dante de Laytano; do Paraná, por José Loureiro Fernandes. Renato Almeida organizou comissões em todos os estados brasileiros, mas em muitos estas viveram mais em função deste ou daquele folclorista ou afeiçoado de folclore e nunca, na atividade de toda uma equipe, puderam se comparar às comissões mencionadas. Além da constituição das comissões estaduais, uma das mais importantes iniciativas de Renato Almeida, como dirigente de um movimento que estimulou estudo e pesquisa, foi a organização de reuniões de folcloristas ou interessados em folclore, nos certames semanais e nos congressos. Para a bibliografia, tiveram muita importância os congressos. O Congresso de 1951, no Rio de Janeiro, primeiro da série, apresentou cento e setenta e cinco trabalhos sobre os mais diversos temas, incluindo medicina, teatro, pecuária, comidas e bebidas, literatura, artesanato, música, festa. O de Curitiba, em 1952, cujo tema preferencial era *folguedo popular*, incluiu muitos relatórios sobre teatro, na manifestação espetacular, com dança e música, além de memórias e monografias referentes a música e artesanato. Em 1957, realizou-se o da Bahia, que deu muita importância ao artesanato, principalmente no domínio de cerâmica, havendo também trabalhos sobre literatura. O tema foi consagrado no Congresso Brasileiro de Folclore, que teve lugar em Porto Alegre, no ano de 1959, e no qual havia trabalhos referentes a pecuária e música. O Congresso de Fortaleza, em 1963, revelou documentação relativa à teoria do folclore e metodologia, superstições e crendices e música. O mais importante dos certames, o Internacional de São Paulo, de 1954, apresentou trabalhos de teoria do folclore, folclore e educação de base, cooperação internacional entre folcloristas. Na mesma época, reuniu-se na Capital, São Paulo, o Conselho Internacional de Música Folclórica, com sede em Londres, que também deixou boa documentação relativa ao tema da reunião.

Muitos trabalhos, conferências e resoluções dos congressos e semanas de estudos foram divulgados em volumes impressos ou publicações mimeografadas da Comissão Nacional de Folclore. Há três volumes dedicados às semanas do Rio de Janeiro, São Paulo e Porto Alegre, e outros três, que constituem parte dos Anais do 1º Congresso Brasileiro de Folclore. São Paulo também cuidou da divulgação, através da revista *Folclore*, página "Correio folclórico", do jornal *O Correio Paulistano*, e página "Folclore", do jornal *A Gazeta*, dirigidos ou orientados por Rossini Tavares de Lima. Afinal, houve trabalhos incluídos no *Boletim Catarinense de Folclore*, sob a direção de Osvaldo R. Cabral e depois de Walter Piazza; *Boletim Espírito-santense de Folclore*, orientado por Guilherme Santos Neves; *Revista Brasileira de Folclore*, da Campanha de Defesa do Folclore, além de livros e opúsculos. Os congressos e as semanas de estudo contribuíram bastante para o enriquecimento da bibliografia e do folclore brasileiro.

Em 1958, a Comissão Nacional de Folclore, completando seus dez anos de atividade, foi substituída, na supervisão do movimento de folclore em nosso país, pela Campanha de Defesa do Folclore, do Ministério da Educação, Ciência e Cultura, idealizada e projetada pelos próprios membros da Comissão Nacional, entre eles Renato Almeida, seu criador, Édison Carneiro e Manuel Diegues Júnior. Usamos a expressão "substituída" porque, se bem que continuasse a existir, como dizem que continua até hoje, já nessa época observava-se a decadência de diversas comissões estaduais e se constatou a existência de uma expectativa por parte dos folcloristas brasileiros, no sentido de que as integrassem na Campanha de Defesa do Folclore, que é o órgão do Governo Federal. Porém, essa integração não se deu e toda a organização de Renato Almeida se esboroou, conseqüência também da falta da renovação de quadros, e tudo se perdeu no meio de uma estagnação geral. Dessa situação se aproveitaram muitos arrivistas, para se projetarem através de supostas Comissões Estaduais, que passaram a viver como sombras de um passado. A única que continuou a dar mostra de existir na parte relativa à bibliografia e documentação foi a Comissão Espírito-santense de Folclore, cujo boletim continuou a ser editado uma vez ou outra. Por isso, costumamos dizer e aqui repetimos que a Comissão Nacional de Folclore do IBECC, que cumpriu notável papel na história dos estudos de folclore do Brasil, sob a direção de seu fundador Renato Almeida, hoje tem etapa extinta.

No panorama brasileiro, oficialmente, desde 1958, o que existe é a Campanha de Defesa do Folclore, do MEC, que já auxiliou a Comissão Nacional de Folclore, nos seus últimos tempos, a promover os congressos de Porto Alegre e de Fortaleza e, em 1972, o de Brasília, no qual se deu a despedida de Renato Almeida. Além da documentação da Comissão Nacional de Folclore, com a qual acabou se confundindo e se transformou em sua herdeira, e da importante biblioteca que possui, sua principal iniciativa, desde a criação até hoje, é a *Revista Brasileira de Folclore*, com quarenta e um números publicados, em que há matéria de bom nível científico e muitos artigos de amadores, sem qualquer significação. Portanto, no seu todo, não é revista que mereça ser incluída em uma bibliografia de estudo e pesquisa de folclore, segundo nossa orientação. Alguns de seus artigos de melhor qualidade foram referenciados em nossa relação bibliográfica, seletiva e crítica. Até hoje, a campanha promoveu duas pesquisas: uma no litoral de São Paulo, sob a direção de Rossini Tavares de Lima, e outra em Januária, com supervisão de Joaquim Ribeiro, ambas com enorme documentação inédita, compreendendo filmes, fotografias e gravações. Entretanto, por mal dos ventos, verifica-se que se tem preocupado mais com divulgação do que com estudo e pesquisa, e dessa maneira se tem estimulado a proliferação de aventureiros, que querem e precisam aparecer, à custa do folclore e de uma bibliografia requentada, com sínteses de trabalhos já publicados, capítulos de livros conhecidos e até artigos de quem não sabe para que veio.

Em São Paulo, a partir de 1960, toda a atividade relativa à matéria foi canalizada para a Associação Brasileira de Folclore, criada para concretizar um museu de folclore do Brasil e em cujo objetivo teve, inicialmente, a colaboração da Campanha de Defesa do Folclore. O museu, funcionando através de convênio em prédio próprio cedido pela Prefeitura Municipal, denominou-se durante muitos anos Museu de Artes Técnicas Populares e passou a se chamar Museu de Folclore, porque assim foi designado, desde o início, pela população da cidade por razões de nossa orientação científica. Sua inauguração deu-se no ano seguinte ao da fundação da Associação Brasileira de Folclore, no segundo andar do edifício "Governador Garcez", Parque Ibirapuera, sempre com propriedade particular. Atravessou fases muito difíceis, com verbas minguadas, até que nós,eu e Julieta de Andrade, idealizamos e estruturamos a Escola de Folclore, escola livre, em nível de especialização, para mantê-lo, e cujo objetivo, além da manutenção do Museu de Folclore, era contribuir para a formação científica de quem desejasse se especializar em folclore.

A partir de 1958 até 1963, a bibliografia, em São Paulo, esteve concentrada na página de "Folclore" do jornal *A Gazeta*, sob a responsabilidade de Rossini Tavares de Lima, a qual constitui a maior documentação de folclore já inserida em jornal brasileiro, na diretriz de informação, estudo e pesquisa. A página, publicada aos sábados, foi por assim dizer o órgão da Comissão Paulista de Folclore e, depois, da Associação Brasileira de Folclore e do Museu de Folclore, na época ainda chamado Museu de Artes Técnicas Populares. Muitos trabalhos de folcloristas paulistas e de outros estados tornaram-se conhecidos através dessa página, durante os cinco anos em que foi impressa.

Paralelamente, por iniciativa de Oneyda Alvarenga, prosseguiam, na Discoteca Pública Municipal, atividades relacionadas a folclore, no exemplo de concurso de monografias, iniciado em 1946. Os trabalhos premiados eram editados pela *Revista do Arquivo Municipal*, com certa irregularidade, e os que não foram publicados se acham à disposição dos interessados, para consulta, na biblioteca da repartição, que hoje pertence à Secretaria de Cultura da Prefeitura de São Paulo. Esse concurso, infelizmente, como todos os demais certames de folclore, realizados no Brasil, inclusive o do Prêmio Sílvio Romero, instituído pela Campanha de Defesa do Folclore, não exigem dos concorrentes a aplicação da metodologia folclórica, de maneira que os trabalhos premiados nem sempre possuem significação para bibliografia de folclore. Também os júris deixam muito a desejar, porque, geralmente, não são formados por quem se dedica especificamente ao estudo e pesquisa de folclore. De qualquer modo, se os regulamentos exigissem trabalhos elaborados, na metodologia do folclore, é possível que atendessem melhor aos interesses científicos da matéria. Entretanto, seria mais aconselhável que se aplicasse o dinheiro de concursos no auxílio a pesquisadores, que desejam trabalhar em folclore, estabelecendo uma importância para premiar o plano de pesquisa, uma outra de ajuda ao pesquisador, no decurso de sua atividade de campo, e, afinal, uma terceira por ocasião da entrega do relatório. Dessa maneira, estaríamos contribuindo mais para a ampliação de uma bibliografia séria, em folclore, o que nem sempre ocorre com os atuais certames existentes.

Os estudos e a pesquisa, com conseqüências benéficas para a documentação, foram intensificados, em São Paulo, de 1968 a 1971, com a criação da Comissão de Folclore, do Conselho Estadual de Cultura, do Governo do Estado de São Paulo, para cuja presidência foi designado Rossini Tavares de Lima. Prestigiada por Péricles Eugênio da Silva Ramos, idealizador, estruturador e diretor do Conselho, promoveu grande levantamento de dados de folclore, na capital e no interior, realizou exposições-feiras de arte e artesanato, festivais das manifestações folclóricas de teatro e dança e coletou informações e peças em outras regiões brasileiras. Nesse pequeno período, a Comissão de Folclore trabalhou conjuntamente com o Museu de Folclore, ampliando-lhe a documentação e doando novas peças para o seu acervo. Com o objetivo de verificar a possibilidade de um entendimento com especialistas em turismo, para proteger e defender diferentes expressões folclóricas da deformação turística, a Comissão patrocinou, sob a direção de um de seus membros, Alfredo João Rabaçal, um Simpósio de Folclore e Turismo Cultural, do qual participaram folcloristas de diversos estados brasileiros, além de técnicos em turismo. Concluiu-se pela impossibilidade de entendimento, em virtude de o turismo brasileiro não se achar interessado em cultura, mas em comércio, e em conseqüência de deformação prossegue no domínio do artesanato, principalmente no Pará, Bahia e em Minas Gerais (Vale do Jequitinhonha), e nas projeções folclóricas de danças e manifestações de teatro, em quase todo o Brasil. A partir de 1971, a Comissão de Folclore entrou em processo de verdadeira estagnação, cientificamente falando, e só em 1976 voltou a ser ativada com a nomeação dos folcloristas Alfredo João Rabaçal, Julieta de Andrade e Wilson Rodrigues de Moraes. Já no seu primeiro ano promoveu o Simpósio "Pesquisa de Folclore", com a participação de representantes de numerosos estados brasileiros, cujos anais estão publicados. O simpósio documentou a importância dada ao estudo e pesquisa de folclore, no Brasil, pela Escola de Folclore, anexa ao Museu de Folclore, em São Paulo, e a precariedade desse estudo e pesquisa em outros estados.

Agora, relacionaremos, em fichas, os trabalhos de folclore, que referenciamos, a partir de 1950 até 1976, pela maior importância que possuem para o estudo e pesquisa de folclore.

Obras de referência

ALVARENGA, Oneyda. *Catálogo ilustrado do museu folclórico.* Arquivo Folclórico da Discoteca Pública Municipal. São Paulo, Prefeitura do Município de São Paulo, 1950, v. 2.

Tema: museu

Não se trata de catálogo de museu, mas da coleção de peças recolhidas por iniciativa de Mário de Andrade, em 1937 e 1938, quando era diretor do Departamento de Cultura.

As peças são da Bahia, Nordeste e Norte, e algumas de São Paulo, e estão ordenadas dentro dos contextos de cultos fetichistas, danças, danças dramáticas, festas populares, ex-votos e diversos. Há excelentes fotos e descrição das peças.

CARNEIRO, Édison. *O folclore nacional: 1943-1953.* Série Bibliográfica Brasileira, 2. Rio de Janeiro, Ed. Souza, 1954. 73 pp.

Tema: folclore (bibliografia)

Descritiva e crítica, com 205 referências e introdução, em que é destacada a fase de estudos e pesquisas de folclore, instalada com a fundação da Comissão Nacional de Folclore por Renato Almeida, em 1947. No início, houve problema gráfico relativo a textos incluídos fora de ordem alfabética na qual se orienta o trabalho.

Relaciona livros e artigos de periódicos e jornais, dando bons esclarecimentos para o estudioso de folclore.

Para o período de 1943 a 1953, é a bibliografia aconselhável. Ao final, há uma relação dos periódicos e entidades editoras.

CASCUDO, Luiz da Câmara. *Dicionário do folclore brasileiro.* Brasília, Instituto Nacional de Livro, 1972. 2 v.

Tema: folclore (dicionários)

Obra feita sem qualquer orientação metodológica, em que se reúnem verbetes temáticos e biográficos, com e sem referências bibliográficas. Na utilização da bibliografia não houve uma atitude crítica, e o critério de valor científico não é, portanto, considerado.

Vale tanto o dado do cronista de jornal como de um folclorista. As biografias são incluídas com o nome e o sobrenome, relacionando autores de livros de folclore e escritores que aproveitaram folclore. Há verbetes muito sintéticos e outros exageradamente desenvolvidos, verificando-se textos de alguns especialistas em folclore, que foram convidados, esporadicamente, a dar sua contribuição. Considerando-se que o índio é folclore brasileiro no processo de aculturação ou na expressão de uma ideologia indianista, não me parecem importantes para o folclore informações sobre dados culturais desta ou daquela tribo, que estariam bem situadas em obras relativas a índios do Brasil.

Em virtude das falhas observadas, inclui-se que foi uma experiência malsucedida. O mundo folclórico brasileiro não pode ser contido num mero dicionário. Entretanto, com bom critério crítico, sugerimos a consulta.

COLONELI, Cristina Argenton. "Bibliografia de folclore brasileiro", in: *Encontro Internacional de Estudos Brasileiros. Seminário de Estudos Brasileiros*, 1º, São Paulo, 1971. 331 pp. Mimeografado.

Tema: folclore (bibliografia)

É sintética, possui 3.188 referências, mas não apresenta qualquer prefácio orientador. Poder-se-ia dizer que é, principalmente, uma bibliografia de artigos e monografias inseridas em periódicos, de interesse ou sem qualquer interesse para o estudo de folclore. Observa-se uma desorientação conceitual e metodológica, com inclusão da literatura popularesca de umbanda e gravações antigas de moda caipira. Julgamos sua utilidade no recenseamento de periódicos, que possuem artigos de folclore. Tem índice remissivo de assuntos.

ESCOLA NACIONAL DE MÚSICA. Centro de Pesquisas Folclóricas, Rio de Janeiro. *Relação dos discos gravados no Estado do Ceará*. Rio de Janeiro, 1953, 69 pp.

Temas: música, dança, folguedo popular, teatro

Coleta de 1943 e comentários de Luiz Heitor Corrêa de Azevedo. Discorre sobre o coco, caracterizando-o como dança de praia e estrofe e refrão no texto cantado. Entre os folguedos populares, relaciona o boi-de-reis de Itapipoca, a cana-verde, o maracatu e o fandango. A cana-verde, com o entrecho de um casamento malsucedido que se conserta, o fandango, incluindo luta de mouros e cristãos, referências à primeira grande guerra, e presença do general alemão, que conquista a vitória. Há boas informações de afinação de viola e de rabeca e documentos de música instrumental com a melodia. Gravações não divulgadas até hoje.

ESCOLA NACIONAL DE MÚSICA. Centro de Pesquisas Folclóricas. *Relação dos discos gravados no Estado do Rio Grande do Sul*. Rio de Janeiro, 1959, 126 pp.

Temas: música, dança

Comentário sobre coleta realizada em 1946, na região serrana, sob a chefia de Luiz Heitor Corrêa de Azevedo.

Dulce Martins Lamas encarregou-se do texto. Há menção às décimas, na característica das modas-de-viola, e aos cantos de porfia. Seguem-se dados das danças do fandango, incluindo uma queromana, cujos figurados recordam os do mandadinho do fandango do sul paulista. Ao lado de marchas, mazurcas, rancheiras, chotes, sambas e sambinhas, relaciona treze versões do boi-barroso. Há breves informações relativas ao moçambique, ao terno-de-reis e à religião mediúnica de aculturação africana. Apresenta documentos de música vocal e a melodia da instrumental. As gravações não foram divulgadas até hoje.

Literatura popular em verso; catálogo. Rio de Janeiro, Ministério da Educação e Cultura, Casa de Rui Barbosa, 1961, v. 1.

Tema: literatura

Inclui 1.000 folhetos de cordel, classificados na ordem alfabética pelas siglas, correspondentes aos seis primeiros versos da poesia, e menção ao autor, editor, capa, data, metro, estrofe, esquema de rimas e final. Apresenta índice de autores, dos títulos, do primeiro verso e um remissivo de classificação.

Literatura popular em verso; antologia. Rio de Janeiro, Ministério da Educação e Cultura, Casa de Rui Barbosa, 1964, v. 1.

Tema: literatura

Seleção de poesias e literatura de cordel, introdução e comentários de Cavalcanti Proença. São quarenta e duas poesias de folhetos, seguidas de pequena biografia dos cantadores e sua respectiva bibliografia.

Há ilustrações das capas e um índice dos documentos, segundo o número do catálogo, e um geral. Na orientação teórica, nota-se inteiro desconhecimento do que seja modernamente folclore, revivendo as características de transmissão oral e anonimato.

Literatura popular em verso; estudos. Rio de Janeiro, Ministério da Educação e Cultura, Casa Rui Barbosa, 1973, v. 1.

Tema: literatura

Série de estudos, com bibliografia, de literatura de cordel, escritos por Diegues Junior, Ariano Suassuna, Bráulio do Nascimento, Dulce Martins Lamas, Mark J. Curran e Sebastião Nunes Batista.

Observa-se uma lacuna no que se refere à importante manifestação da moda-de-viola, na região de São Paulo, Minas Gerais, Goiás, que tem característica semelhante à dos poemas da literatura de cordel, e que se apresentava outrora em folhas avulsas e era vendida pelo seu cantador e autor nos mercados, feiras, ruas e praças de nossas cidades.

Há também defeitos na orientação teórica, quando se pretende estabelecer uma diferença entre poesia tradicional e poesia popular, sem conceituá-las devidamente e acabando por incluir a literatura de cordel, folclórica, na sua manifestação de cultura espontânea, como uma suposta poesia popular, que não se sabe qual é.

Há necessidade de corrigir a relação de romances do boi, organizada por Théo Brandão, cujos documentos 19, 25 e 28 são variantes de um mesmo romance.

A parte relacionada à música analisa apenas superficialmente a cantoria e não nos oferece nada sobre seus instrumentos acompanhantes.

LIRA, Mariza. *Calendário folclórico do Distrito Federal*. Rio de Janeiro, Prefeitura do Distrito Federal, Secretaria Geral de Educação e Cultura, 1956, 431 pp.

Temas: festa, literatura, religião, dança, folguedo popular, teatro
Comentários relativos a festas e algumas de suas características, na ordem do calendário anual. Há muitas festas que nada têm que ver com folclore, mas com base na coleta de dados e levantamento bibliográfico, principalmente, há boas informações sobre Ano Bom, Santos Reis, São Gonçalo, Nossa Senhora das Candeias, Carnaval, Dia da Mentira, São Jorge, Nossa Senhora da Glória, Nossa Senhora da Penha etc.

NASCIMENTO, Bráulio do (org.). *Bibliografia do folclore brasileiro*. Colaboração de Cydnéa Boyer. Col. Rodolfo Garcia. Série B – Catálogos e Bibliotecas. Rio de Janeiro, Biblioteca Nacional, 1971, 353 pp.

Tema: folclore (bibliografia)
É sinalética, apresenta 2.469 referências, incluindo trabalhos de folclore, livros que possuem dados de folclore e de aproveitamento de folclore.

Como esclarece o prefácio, é uma tentativa de recenseamento bibliográfico. Seria mais útil caso relacionasse apenas os trabalhos de folclore ou feitos com o objetivo de documentar ou estudar folclore, a não ser que tivesse orientação descritiva ou crítica.

É muito difícil a um consulente de bibliografia, que não seja um especialista em folclore, ajuizar sobre os dados de folclore de um *Guarani* de Alencar. Índices.

MONOGRAFIAS

ALMEIDA, Renato. *Tablado folclórico*. São Paulo, Ricordi Brasileira, 1961, 176 pp.

Temas: folguedo popular, teatro, festa
Série de artigos elaborados depois da observação e coleta de dados. Com bibliografia levantada até 1958, apresenta a cavalhada de mouros e cristãos, de Pirenópolis, Goiás, que assistiu em Goiânia. Seguem-se, entre outras, boas informações dos cabocolinhos taperaguás, tabajaras e canindés, de Recife, de um bumba-meu-boi (ou reisado) de Camaçari, Bahia, do boi-linda-frô, de Recife, e dos Zé Pereiras, com suas máscaras gigantes, de Ouro Preto. Há documentos musicais, fotos e bibliografia.

ALMEIDA, Renato. *Inteligência do folclore*. Rio de Janeiro, Livros de Portugal, 1957, 310 pp.

Tema: folclore (teoria e metodologia)
Grande tratado científico de folclore. Destaca-lhe a característica autônoma no quadro da Antropologia, relacionando-o à Antropologia Cultural ou Etnologia. Explica a propriedade funcional do folclore, aborda o problema da criação folclórica, coteja materiais referentes à cultura, escolas e especialistas, que o conceituam e interpretam, menciona a problemática da difusão folclórica. Seguem-se capítulos sobre metodologia e técnica de pesquisa.
Há excelente bibliografia, índice analítico, além de matérias.

ANDRADE, Francisco Alves de; GALENO, Cândida Maria S.; SERAINE, Florival. *Cerâmica utilitária do Cascavel, Ceará*. Fortaleza, Imprensa Universitária do Ceará, 1959. 46 pp.

Tema: artesanato
Informações sobre pesquisa de campo realizada em 1950. Relaciona as peças produzidas, com os nomes e preços, a técnica manual de levantamento de paredes, a decoração feita com caulim e o cozimento em forno, com repositório em cima e fogo embaixo. Bibliografia insuficiente.

ANDRADE, Mário de. *Música de feitiçaria no Brasil*. Oneyda Alvarenga (org.). São Paulo, Martins, 1963, 295 pp. (Obras completas de Mário de Andrade, 13).

Temas: música, religião

Sob o título inclui conferência de 1933 e divulga documentação de música vocal de catimbó, pajelança e macumba, anotada por Mário de Andrade. Há informações importantes sobre essas práticas religiosas mediúnicas. Esclareça-se, no texto, que tambor-de-crioula, não de-crioulo, e candombe são danças existentes no Maranhão e Minas Gerais. Também como dança, o candombe foi conhecido no Rio Grande do Sul. Exaustiva bibliografia nem sempre referenciada.

ARAÚJO, Alceu Maynard. "Ciclo agrícola, calendário religioso e magias ligadas à plantação". Separata da *Revista do Arquivo Municipal*, n.º 159. São Paulo, Departamento de Educação e Cultura, 1957.

Temas: agricultura, religião, festa

Dados levantados no antigo arraial do Facão, hoje cidade de Cunha, São Paulo, de 1947 a 1950. Refere-se ao calendário agrícola da região, com pequenos esclarecimentos sobre os produtos cultivados. A seguir, apresenta o calendário religioso, a partir do Ano Bom, incluindo a festa do Divino, da qual destaca a folia com menção ao seu roteiro.

ARAÚJO, Alceu Maynard. "Baile de São Benedito", *Folclore*, Vitória, Comissão Espírito-santense de Folclore, 6(34/36):3-9, jan./jun. 1955.

Temas: folguedo popular, teatro

Embaixada da antiga congada de Xiririca, atual cidade de El Dorado, em São Paulo. No texto e no nome dos personagens, a revelar aculturação afro banto, inclui-se na classificação das congadas de representação, em que os dois grupos se desentendem por causa da festa de São Benedito. Sua embaixada parece uma versão da congada da Lapa, Paraná, estudada em 1951, por José Loureiro Fernandes, da congada de Iguape, recolhida posteriormente por Rossini Tavares de Lima. São congadas que nada têm que ver com mouros e cristãos no fundamento da embaixada.

ANDRADE, Julieta. "Aculturação e síntese no folclore da Cuiabana", *Boletim do Museu da Casa Brasileira*, São Paulo, Secretaria de Cultura, Ciência e Tecnologia, 3(3):68-72, 1976.

Tema: dança

Resenha de seminário realizado em 1975. Focaliza a dança siriri, que constitui um dos aspectos estudados na pesquisa que realizou, em Mato Grosso, no ano anterior. Os dados levantados estão a exigir revisão na bibliografia brasileira, relacionada à modalidade coreográfico-musical, nunca seriamente observada como agora.

Eles mostram a característica de série de danças do siriri como manifestação de síntese de diversas expressões do folclore brasileiro, dentro de profunda aculturação ibero-lusitana e afro-banto.

ANDRADE, Julieta, "Agosto, mês do juízo final". *Revista Brasileira de Folclore*, Rio de Janeiro, Campanha de Defesa do Folclore Brasileiro, 12(34):23-38, set./dez. 1972.

Tema: folclore (teoria e metodologia)

É o primeiro alerta de um folclorista, interessado em difundir estudo e pesquisa de folclore, contra os desmandos das comemorações do mês do folclore. De modo geral, pode-se dizer que é o único mês do ano em que se lembram do folclore, para comemorá-lo a trouxe-mouxe. Conclui sobre a necessidade de o professor estudar folclore para saber, no mínimo, o que pedir aos seus alunos nos trabalhos do mês.

AREÃO, João dos Santos. "Os trançados no folclore catarinense", *Boletim trimestral*. Comissão Catarinense de Folclore, Florianópolis, 6(15/16):93-107, jun./set. 1953.

Tema: artesanato
Informações sobre os traçados de couro, em São Joaquim, e os de fibras vegetais de Palhoça. Há menção ao enxergão para cama e às técnicas do trançado, tramado e torcido, no couro, para fazer diferentes peças. Em São Joaquim, refere-se à utilização do sedenho, com a finalidade de produzir colares e até chapéus, e de lã para tecer, entre outras peças, o bichará ou meço. As fibras vegetais utilizadas são o vime, bambu, cipó, milho, arroz, trigo, peri, taboa, junco.

AZEVEDO, Fernando Corrêa. "Aspectos folclóricos do Paraná", *Cadernos de Artes e Tradições Populares,* Paranaguá, Museu de Arqueologia e Artes Populares, 1(1):57-76, jul. 1973; 2(2):3-90, maio 1975.

Temas: dança, folguedo popular, teatro
Coleta de dados, com boas descrições, temas de música vocal e instrumental, esquemas coreográficos e fotos.

Relaciona a dança, indicada como Romaria de São Gonçalo, que apresenta movimentos de filas na frente do altar.

Mostra o pau-de-fita, as balainhas com seus arcos, ambos incluídos no boi-de-mamão, que também existe em Santa Catarina, e possui, entre seus personagens míticos, o Barão, marido da Bernúncia, e o Mariola, com cabeça um pouco maior do que a mão fechada.

BOITEUX, Lucas Alexandre. *Paranduba catarinense.* Florianópolis, Comissão Catarinense de Folclore, 1957, 160 pp.

Temas: linguagem, literatura
Antologia de formas folclóricas, coletadas, sem qualquer metodologia, no Estado de Santa Catarina. Válida pela variedade de manifestações e exemplos, que podem ser utilizados em estudos comparativos.

BORBA FILHO, Hermilo. *Fisionomia e espírito do mamulengo* (teatro popular do Nordeste). São Paulo, Nacional / Editora da Universidade de São Paulo, 1966, 295 pp. (Brasileira, volume 332).

Tema: teatro

Trabalho único sobre o tema. Inclui entrevistas com alguns mamulengueiros e textos de peças representadas. Na introdução, há um histórico do teatro de bonecos no Oriente, Europa e Brasil. Bibliografia regular.

BORBA FILHO, Hermilo; RODRIGUES, Abelardo. *Cerâmica popular.* Rio de Janeiro, Campanha de Defesa do Folclore Brasileiro, 1969, 204 pp.

Tema: arte

Relatório de entrevistas realizadas com artistas, que se dedicam à escultura, em barro, nos municípios de Canhotinho, Goiânia, Tracunhaém, Caruaru, Pernambuco. Há breves menções à cerâmica utilitária.

BRANDÃO, Théo. *Folguedos natalinos de Alagoas.* Maceió, Departamento de Cultura, 1961, 209 pp.

Temas: folguedo popular, teatro

Resumo de obra inédita intitulada *Folguedos populares de Alagoas*, resultado de trabalhos de campo, desenvolvidos por um dos maiores pesquisadores do Nordeste. Relaciona as manifestações de características espetaculares da festividade do ciclo do Natal, oferecendo-nos a melhor informação que poderíamos desejar.

BRANDÃO, Théo. "As cavalhadas de Alagoas", *Revista Brasileira de Folclore*, Rio de Janeiro, Campanha de Defesa do Folclore Brasileiro, 2(3):5-46, maio/ago. 1962.

Temas: folguedo popular, teatro

Estudo pormenorizado, no fundamento de dados de pesquisa de campo, com retrospectiva bibliográfica, mapa e esquema das carreiras. Defende a tese de que o folguedo popular cavalhada, na forma de jogo de argolinha, do Nordeste e Norte brasileiros, é anterior à cavalhada de mouros e cristãos do Centro-Sul, o que não parece provável.

"O correio folclórico". *Correio Paulistano*, São Paulo (1-28) 5 fev. 1950-30/dez. 1951.

Tema: folclore (periódico)

Página publicada sob os auspícios do Centro de Pesquisas Folclóricas "Mário de Andrade" e da Comissão Paulista de Folclore, entidades dirigidas por Rossini Tavares Lima, que designou para redatores Alceu Maynard Araújo e, depois, Hely de Faria Paiva. Finalidade: chamar a atenção do leitor de *O Correio Paulistano*, importante matutino, na época, para o estudo e a pesquisa de folclore, através de notícias, artigos, comentários e relatórios de pesquisa.

"Folclore", *A Gazeta*, São Paulo (1-288), 12 jul. 1958-23/nov. 1963.

Tema: folclore (periódico)

Página publicada aos sábados, com o objetivo de chamar a atenção do leitor de *A Gazeta*, então um dos mais importantes vespertinos paulistas, com grande tiragem, para o estudo e as pesquisa de folclore, através de notícias, artigos, comentários e relatórios de pesquisas.

Redator responsável: Rossini Tavares de Lima.

BUNSE, Heinrich A. W. *Mandioca e açúcar*. S.l., Comissão Gaúcha de Folclore, s. d. 23 pp.

Temas: agricultura, artesanato, comidas e bebidas

Com objetivos lingüísticos, destaca os aspectos folclóricos da agricultura e subprodutos da mandioca, no Rio Grande do Sul. Refere-se à atafona, na qual se faz a farinhada, ao tapiti e à prensa de parafuso. Na parte alimentar, recorda o beiju substituindo o pão e a jacuba na característica de farinha com café ou leite. Também com a mesma finalidade, apresenta informações relativas à cana-de-açúcar, com menções aos engenhos de rapadura e de açúcar mascavo, além da pinga.

Há glossários com transcrição fonética da linguagem usada nessas atividades agrícolas e artesanais.

BUNSE, Henrich A. W. "Algumas notas sobre a pesca e o pescador num trecho do litoral sul brasileiro". Separata da *Revista Brasileira de Filologia*, Rio de Janeiro, 4 (1/2), 1958, 73 pp.

Temas: pesca, artesanato, linguagem

Pequena monografia retratando a vida e atividade do pescador do sul do Cabo de Santa Marta, em Santa Catarina. Há referências à fiação da fibra de palmeira tucum, para fazer rede, o artesanato de junco para esteira e da folha do butiazeiro para chapéu. Relaciona e descreve as armas e armadilhas de pesca, dá os nomes de diferentes peixes e mostra como se reparte o pescado.

Há fotografias e glossário.

CALDEIRA, Clóvis. *Mutirão; formas de ajuda mútua no meio rural*. São Paulo, Nacional, 1956, 222 pp. (Biblioteca Pedagógica Brasileira, Brasiliana, Série 5.ª, 289.)

Temas: usos e costumes

Resultado de inquérito realizado no Brasil, com a colaboração do IBGE. Relaciona as características e os nomes recebidos por essa forma de ajuda mútua de nossos usos e costumes, em diferentes regiões do país, concluindo que é observada em diversas culturas que contribuíram para nossa formação.

As informações devem ser consideradas como diretrizes para uma pesquisa séria sobre o assunto, tendo em vista também a sua bibliografia.

CAMARGO, Cândido Procópio Ferreira de. *Kardecismo e umbanda*. São Paulo, Pioneira, 1961, 176 pp.

Tema: religião

Pesquisa realizada em São Paulo e em quatro zonas do interior, através de entrevistas, histórias de vida e aplicação de questionário. Os objetivos são particularmente sociológicos, mas o trabalho oferece excelentes informações para o estudo do espiritismo e da umbanda-candomblé na expressão sociocultural espontânea do folclore.

Cantorias da Bahia. Salvador, 1º Centro Estudantil de Folclore do Colégio Estadual Severino Vieira, Departamento de Educação Musical, 1971, 115 pp. Mimeografado.

Temas: folguedo popular, teatro, religião, música

Pelas referências do texto conclui-se que é trabalho das professoras Emília Biancardi Ferreira e Nestorlina Gondim, principalmente. Há uma porção de informações de excelente qualidade sobre o maculelê de Santo Amaro, samba de roda corrido e capoeira da capital. Destaque-se também a documentação musical da puxada de rede de xaréu, das rodas e do candomblé Ketu, angola e caboclo.

CARNEIRO, Édison. *Dinâmica do folclore*. Rio de Janeiro, Civilização Brasileira, 1965, 187 pp.

Tema: folclore (teoria e metodologia)

Muito discutível na orientação teórica, é obra que define o autor como um dos maiores defensores das características científicas do folclore. Merecem especial destaque as suas críticas a antropólogos e sociólogos brasileiros, que discutem essas características inteiramente afastados do folclore e dos folcloristas.

CARNEIRO, Édison. *A sabedoria popular.* Rio de Janeiro, Instituto Nacional do Livro, 1957, 230 pp.

Tema: folclore (teoria e metodologia, jogo, dança, folguedo popular, teatro)

Coletânea de artigos sobre folclore brasileiro. Destacam-se o que apresenta conselhos sobre como proteger e restaurar folguedos populares, o relativo a uma classificação decimal para folclore e o da história da Comissão Nacional de Folclore. Em outros, inclui informações sobre o jogo denominado batuque ou pernada, o folguedo popular dos pássaros tentém, coati, rouxinol, de Belém, e as escolas de samba do Rio de Janeiro.

CARNEIRO, Édison. *Candomblés da Bahia.* 3.ª ed. Rio de Janeiro, Conquista, 1966, 189 pp.

Tema: religião

Livro básico para o conhecimento do mundo folclórico da religião mediúnica brasileira, de aculturação africana, resultante de observações feitas em candomblés baianos.

CARVALHO NETO, Paulo. *Folclore sergipano.* Porto, Museu de Etnografia e História, s.d., 128 pp.

Tema: folclore (bibliografia)

Relação bibliográfica do folclore de Sergipe até 1960, com exemplos dos dados referidos nas obras. Faz-se acompanhar de pequena antologia.

CASCUDO, Luiz da Câmara. *História da alimentação no Brasil.* São Paulo, Nacional, 1967/1968. 2 v. (Brasiliana, 323, 323A).

Temas: comidas e bebidas

É a melhor fonte de informação sobre comidas e bebidas folclóricas brasileiras. Toda a bibliografia correspondente ao tema se acha referenciada. Pode servir de ponto de partida para qualquer estudo e pesquisa.

CASCUDO, Luiz da Câmara. *Jangadeiros*. (Documentário da Vida Rural, 11.) Rio de Janeiro, Ministério da Agricultura, 1957. 60 pp.

Tema: transporte

Além da parte histórica relativa à jangada, que se acha na bibliografia especializada brasileira, há informações sobre a região desse meio de transporte, os lugares de pescaria no Rio Grande do Norte, as antigas corridas de jangada, vocabulário. Refere-se à jangada de tábua, que começa a se difundir.

CASTRO, Zaide Maciel de; COUTO, Aracy Prado. *Folia de Reis*. (Coleção Cidade do Rio de Janeiro, 16.) Rio de Janeiro, Secretaria de Estado da Educação e Cultura, 1961, 82 pp.

Temas: folguedo popular, teatro

Na característica de folguedo popular, por incluir espetáculo, com a participação de palhaços mascarados, o grupo peditório de promessa é estudado em Caxias, Nova Iguaçu e Rio de Janeiro. Há registro de sua estrutura e referências a jornadas, música e poesia. Inclui mapa e fotografias.

COSTA PEREIRA, Carlos José da. *Artesanato e arte popular*. Bahia, Livraria Progresso Editora, 1957, 188 pp.

Tema: artesanato

Relatório de pesquisa realizada no Recôncavo e em algumas partes do sertão baiano. Apresenta informações sobre o artesanato folclórico e quase nada em relação à arte. Há dados sobre a tecelagem de redes, colchas e panos de calça, veste de couros, ferreiros e latoeiros, sapateiros e seleiros, ourivesaria, fogueteiros, bordadeiras, cestaria e cerâmica. A bibliografia é bem orientada.

COSTA PEREIRA, Carlos José da. *Cerâmica popular da Bahia.* Universidade da Bahia, 1957, 138 pp.

Temas: artesanato, arte
Dados sobre a cerâmica utilitária, produzida na roda ou torno, em Maragogipinho. Os caxixis, miniaturas ou miuçalhas, procedentes desse centro produtor, constituem a base da Feira dos Caxixis, em Nazaré das Farinhas, na Semana Santa. Na parte relativa à arte, inclui comentário sobre Cândido, o mais importante escultor em barro da Bahia. Também observam-se referências às bonecas de Serrinha. Há bibliografia.

DANTAS, Beatriz Góis. *A taieira de Sergipe: uma dança folclórica.* Petrópolis, Vozes, 1972, 153 pp.

Temas: folguedo popular, teatro
Pequeno estudo em que é prevista a morte de um folguedo popular, na base de uma análise teórica superficial. Esta previsão não tem o menor interesse científico e o que importa no trabalho é a revelação da taieira como existe hoje, em Laranjeira, e os dados antigos de São Cristóvão e Lagarto. Há vinte e quatro temas de música vocal e esquemas coreográficos, além de bibliografia.

DÉDA, Carvalho. *Brefáias e burundangas do folclore sergipano.* Aracaju, Livr. Regina, 1967. 270 pp.

Temas: linguagem, literatura, caça e pesca
Dados diversos registrados no oeste de Sergipe. Há os relacionados às vozes dos animais, cena da galinha de reisado, nome das partes do corpo humano, mito do maçom, armadilhas de caça e pesca.

DINIZ, Jaime C., padre. "Ciranda, roda de adultos no folclore pernambucano". Separata de DECA, Recife, 2(3), 1961, 71 pp.

Tema: dança

É o primeiro e o único trabalho sério sobre essa dança, que hoje constitui uma das mais importantes manifestações coreográfico-folclóricas de Pernambuco.

Predominam as informações musicais, particularmente do domínio da música vocal. Bibliografia.

DUARTE, Abelardo. *Folclore negro das Alagoas; áreas da cana-de-açúcar, pesquisa e interpretação*. Maceió, Departamento de Assuntos Culturais, 1974, 411 pp.

Temas: linguagem, literatura, dança, folguedo popular, teatro

Seria preferível que não houvesse menção ao negro no título da obra. Se é verdade que apresenta algumas expressões que podemos considerar de aculturação africana, grande parte é constituída de dados sobre o folclore de aculturação européia, havendo inclusive o de crítica ao negro.

As melhores informações estão no capítulo relativo ao coco, no ciclo das estórias do Pai João e no jogo atlético do bate-coxa de Piaçabuçu. Bibliografia utilizada, nem sempre com boa orientação.

Estudos e ensaios folclóricos em homenagem a Renato Almeida. Rio de Janeiro, Ministério da Relações Exteriores, 1960, 742 pp.

Temas: música, transporte, comidas e bebidas, arte, jogo, festa, religião, artesanato, folguedo popular, teatro, literatura

Publicação sugerida pelo professor Jorge Dias, representante de Portugal, e aprovada pelo Congresso Internacional de Folclore, reunido em São Paulo, no ano de 1954 para homenagear o folclorista brasileiro Renato Almeida.

Inclui colaboração de folcloristas estrangeiros e nacionais sobre os mais diversos aspectos do folclore. Há uma biografia e completa bibliografia do homenageado.

FARIA, Oswaldo Lamartine de. *Encouramento e arreio do vaqueiro no Seridó*. Natal, Fundação José Augusto, 1970, 80 pp.

Temas: indumentária, pecuária

Descreve a indumentária do vaqueiro, esclarecendo que no litoral agreste dá-se preferência à lona encorpada para fazer o gibão, peitoral e luvas, porque o longo período chuvoso acaba encoscorando o couro. Também aí usa perneiras chamadas guardas, mais apertadas e mais curtas.

Com desenhos explicativos, entra também em considerações sobre a sela e implementos de montaria.

FERNANDES, Florestan. *Folclore e mudança social na cidade de São Paulo*. São Paulo, Anhembi, 1961 (nova edição em preparação pela Martins Fontes Editora).

Temas: linguagem, literatura, roda e jogo, superstições e crendices

Pode-se discordar de sua orientação teórica, mas apresenta grande documentação, resultante de sua coleta de campo. Infelizmente, a bibliografia já estava desatualizada quando o livro foi publicado.

FIGUEIREDO FILHO, J. de. *O folclore do Cariri*. Fortaleza, Imprensa Universitária do Ceará, 1960, 112 pp.

Temas: folguedo popular, teatro, literatura, dança, música

Diversos aspectos do folclore do Crato. Destacar um auto de lapinha, folguedo popular na categoria do pastoril, com cenas da mulata, a tapuia, papagaio, sol, lua, vaqueiro, índios. Inclui exemplos de aboio versificado, que existe no Ceará, Piauí e Pernambuco, revela a importância do maneiro-pau, velho folguedo popular do Cariri, e oferece bons esclarecimentos sobre a banda de pife, chamada música de couro, banda-de-música de couro, zabumba de couro e cabaçal, da qual apresenta documentos musicais.

FIGUEIREDO, Napoleão; SILVA, Anaíza Vergolino. *Festas de santos e encantados*. Belém, Academia Paraense de Letras, 1972, 37 pp.

Tema: religião

Dados levantados na região do Alto Cariri, Pará. Destacar, em primeiro lugar, os relativos à religião mediúnica, presidida pelo pajé, e na qual os santos da Igreja Católica, comandados por Jesus Cristo, recebem mensagens dos mortais através dos espíritos das matas, águas, caboclos, encantados, brancos, anjos. Merece também menção a relação de variantes de mitos gerais, regionais e possivelmente locais, como o Fogo do Mar, Galinha Grande, Cabi e Puruã (na forma de tajás).

GARCIA, Marcolina Martins; BREDA, Judite Ivanir. *Divisão regional para o estudo e defesa do folclore no Estado de Goiás*. Goiânia, Universidade Federal de Goiás, Museu Antropológico, 1972, 99 pp.

Tema: folclore (metodologia)

Plano de trabalho, como conseqüência de orientação da Escola de Folclore, anexa ao Museu de Folclore, em São Paulo. O objetivo é levantar dados de festas, artesanato e folguedos populares, através do emprego de questionários enviados a 46 municípios. Seguem-se instruções para a coleta, documentação já levantada, peças constantes do acervo do museu, critérios para a divisão regional, índices dos municípios, mapas e fotos.

GARCIA, Angélica de Rezende. *Nossas avós contavam e cantavam; ensaios folclóricos e tradições brasileiras*. Belo Horizonte, 1949, 189 pp.

Temas: música e literatura

Grande coleção de temas de música vocal e algumas de música instrumental, que participaram da vivência da autora ou foram recolhidos através de informantes, em São Paulo e Minas Gerais. Há breves informações relativas às formas folclóricas dos diferentes temas, além de outras, mais completas, sobre danças e folguedos populares e até histórias.

GOULART, José Alípio. *Meios e instrumentos de transporte no interior do Brasil.* Rio de Janeiro, Ministério de Educação e Cultura, 1959, 260 pp.

Tema: transporte

De grande interesse para o estudo do transporte folclórico brasileiro, no passado e na atualidade. Há boas informações sobre a jangada, a balsa de buriti e de pélas de borracha, as canoas e as ubás, a montaria, batelão, chatas e pranchas etc. Entre os instrumentos de transporte menciona a cabeça, os cestos, as gamelas. Há ainda dados relativos ao cavalo, boi, burro, jumento, integrando sistema viário folclórico.

GUERRA PEIXE, César. *Maracatus de Recife.* São Paulo, Ricordi, 1956, 163 pp.

Temas: folguedo popular, teatro, música

Pesquisa realizada de 1949 a 1952, na capital pernambucana. Tem a virtude de discutir, com base em documentos, opiniões tidas e havidas como definitivas sobre o tema. Incluindo bibliografia qualificada, é o melhor estudo que possuímos sobre o tema.

GUERRA PEIXE, César. "Rezas de defunto", *Revista Brasileira de Folclore*, Rio de Janeiro, Campanha de Defesa do Folclore Brasileiro, 8(22):235-68, set./dez. 1968.

Tema: música

Trabalho sobre a excelência, cantoria de velório observada em diversas regiões brasileiras. É uma pesquisa de campo realizada em Caruaru, Pernambuco. Há trinta e três excelências, quatro benditos e quatro rezas na documentação. Esclarece que as melodias chamam-se sôfa, corruptela de solfa. Descreve o ritual, os usos, os costumes e superstições e as crendices.

GUERRA PEIXE, César. "Os cabocolinhos do Recife", *Revista Brasileira de Folclore*, Rio de Janeiro, Campanha de Defesa do Folclore Brasileiro, 6(15):135-58, ago./set. 1966.

Temas: folguedo popular, teatro, música

Resultado de observação de campo dos grupos cabocolinhos, folguedo popular de tema mais indianista do que de aculturação indígena. Foram analisados os tupinambás. Apresenta a estrutura do grupo, seus apetrechos, representação, coreografia, loas declamadas e, finalmente, a significativa música instrumental.

GUERRA PEIXE, César. "Zabumba, orquestra nordestina", *Revista Brasileira de Folclore*, Rio de Janeiro, Campanha de Defesa do Folclore Brasileiro, 10(26):15-38, jan./abr. 1970.

Tema: música

Estabelece a área desta orquestra ou banda de música folclórica do Nordeste. Analisa sua estrutura, função social, relaciona seus diferentes nomes, repertório e acrescenta importante documentário rítmico-melódico.

KOWIAMA, Heitor. "Usos e costumes de uma fazenda paulista", *A Gazeta*, São Paulo (250-266), 22 jun.-26 out. 1963. Folclore.

Temas: usos e costumes, agricultura, casa, medicina

Depoimento de fiscal da fazenda São Benedito, a 200 quilômetros de Tupã, quando era colonizada pela CAIC, menção à técnica de trabalho dos foiceiros e machadeiros, nordestinos na maioria. Referência à divisão da terra, perguntas usuais para o contrato, como escolher o trabalhador, as suas casas e acessórios caseiros, a plantação, compadrio, ritos de passagem, medicina etc.

LACERDA, Regina. *Vila Boa; folclore*. Goiânia, Bolsa de Publicações Hugo de Carvalho Ramos, Prefeitura Municipal de Goiânia, 1957, 159 pp.

Temas: folguedo popular, teatro

Na informação do pai, documenta a antiga cavalhada da cidade de Goiás e através de vivência e explicações de informante autorizado, a congada. Seguem-se textos de formas de linguagem, rodas, jogos, superstições e crendices e nove temas de música vocal.

LACERDA, Regina. *Papa-ceia; notícias do folclore goiano*. Goiânia, Instituto Goiano do Livro, 1968, 111 pp.

Temas: festa, dança, folguedo popular, teatro

Apresenta dados sobre festa do Divino, danças do tambor, suça e samba, os folguedos populares contradança e roda de São Gonçalo, trabalho das paneleiras.

LAYTANO, Dante de. *A Igreja e os orixás* (Comissão Gaúcha de Folclore, 29). Porto Alegre, s. d. 59 pp.

Tema: religião

Destacar o trabalho "Orixás e os negros do Sul", no qual há bons esclarecimentos relativos ao batuque, manifestação da religião mediúnica de aculturação africana de Porto Alegre. Há menção aos deuses, sincretismos, santos das casas, plantas sagradas e medicinais, velhice e mocidade dos orixás, principalmente nações africanas aculturadas etc. Os dados procedem, particularmente, de inquérito realizado, em 1951, em 71 batuques. Boa a bibliografia.

LENKO, Karol. "Notas sobre a medicina popular do Amapá", *A Gazeta*, São Paulo (43-45) 16, 23, 30 maio 1959. Folclore.

Tema: medicina

Resultado de viagem de pesquisa entomológica, realizada na pequena Vila da Serra do Navio, a 200 km de Macapá. Muito interessado sobre terapêutica, relacionando-os nestas notas.

LESSA, Barbosa; CÔRTES, Paixão. *Danças e andanças da tradição gaúcha.* Porto Alegre, Garatuja, 1975, 225 pp.

Tema: dança

Estabelece os fundamentos do movimento tradicionalista e esclarece, em definitivo, as relações entre folclore e tradicionalismo, mostrando que este não passa de uma projeção folclórica, aproveitamento de folclore. Há um vocabulário de danças, no qual se incluem rezas e folguedos populares, no exemplo das tribos de Carnaval, de Porto Alegre. Nesse vocabulário, o candomblé é incluído com versão rio-grandense das danças de umbigada dos negros, o que precisa ser corrigido, porque umbigada é dança de aculturação banto, observada hoje na região de Contagem, Minas Gerais.

LIMA, Rossini Tavares de. *Romanceiro folclórico do Brasil.* São Paulo, Vitale, 1971, 112 pp.

Temas: literatura, música

É um estudo sobre romances tradicionais ibéricos e outros de formação nacional, na base de cem documentos, a maioria com texto literário e tema de música vocal, recolhidos principalmente em São Paulo, Minas Gerais, Goiás e Mato Grosso.

A bibliografia relaciona as versões coletadas historicamente em outras regiões do país.

LIMA, Rossini Tavares de. *Abecê de folclore.* 5.ª ed. São Paulo, Ricordi, 1972. 262 pp. (nova edição em preparação pela Martins Fontes Editora).

Tema: folclore (teoria e metodologia)

Ciência do folclore, sua teoria e metodologia, para orientação do estudo de folclore brasileiro. Bibliografia atualizada na orientação de discussões de congressos, a partir de 1951, mostrando a amplitude do campo de ação do folclore, ressaltando a importância do relatório do folclore do dia-a-dia, definindo a música folclórica brasileira e a nossa feição, no domínio da cultura espontânea, resultante de profunda aculturação. Há numerosas fotografias, obtidas no campo de pesquisa, e uma antologia que explica diferentes formas musicais, com exemplos de música vocal e uma série de fórmulas rítmicas, que caracterizam manifestações folclóricas.

LIMA, Rossini Tavares de. *Folclore de São Paulo; melodia e ritmo.* 2.ª ed. São Paulo, Ricordi, 1962, 154 pp.

Temas: dança, música

Pequenos estudos de danças, incluindo dados de umbanda, análise de afinação de viola e classificação de instrumentos musicais, com documentação de música vocal, fórmulas rítmicas dos instrumentos acompanhantes e fotografias. Resultado de pesquisa de campo realizada de 1947 a 1953.

LIMA, Rossini Tavares de. *Folclore das festas cíclicas.* São Paulo, Vitale, 1972, 187 pp.

Temas: festa, religião, literatura

Através de levantamentos bibliográficos e pesquisas de campo levadas a efeito, em São Paulo, apresenta série de estudos sobre as festas dos ciclos anuais, incluindo informações de festas religiosas de diferentes regiões brasileiras. Na mesma orientação de mostrar documentação de pesquisa, seja na fase de mera coleta, inclui dados de formas de prosa e poesia da literatura folclórica.

LIMA, Rossini Tavares de *et alii. O folclore do litoral norte de São Paulo.* Rio de Janeiro, Campanha de Defesa do Folclore Brasileiro, 1968, 119 pp. v. 1 – congadas.

Temas: folguedo popular, teatro

Parte de pesquisa feita para a Campanha de Defesa do Folclore, em 1959-1960, pela Comissão Paulista de Folclore. Apresenta documentação relativa às congadas do bairro de São Francisco, em São Sebastião, e de Caraguatatuba. Há partes faladas e cantadas, com acompanhamento de marimba e dois atabaques. Inclui fotografias, registros de melodias cantadas e do acompanhamento instrumental.

LIMA, Rossini Tavares de. *Folguedos populares do Brasil*, São Paulo, Ricordi, 1962, 222 pp.

Temas: folguedo popular, teatro
Com base em documentação recolhida em pesquisas realizadas em São Paulo, são estudadas manifestações folclóricas que se relacionam à festa do Rei do Congo, ao ciclo do Natal, ao indianismo, ao boi e ao mar.

Há informações sobre cavalhada de mouros e cristãos e um cordão carnavalesco do interior paulista. Os estudos são acompanhados de documentos de música vocal e registros de fórmulas rítmicas, além de fotografias.

A bibliografia utilizada é distribuída geograficamente.

LIMA, Rossini Tavares de. "Estudo sobre a viola". *Revista Brasileira de Folclore*. Rio de Janeiro, Campanha de Defesa do Folclore, 4(8/10):29-38, jan./dez. 1964.

Tema: música
Sob o ponto de vista das afinações usadas pelos instrumentistas, é um estudo pioneiro. Começa com uma restrospectiva histórica, através de bibliografia, referindo-se à procedência da viola e sua definição como instrumento brasileiro, por excelência.

LOPES, Antônio. *Presença do romanceiro; versões maranhenses*. Rio de Janeiro, Civilização Brasileira, 1967, 265 pp.

Tema: literatura
O romance tradicional ibérico, na conhecida fórmula de poesia dramática cantada, é apenas documentado, como de costume, no

texto literário. Há somente quatro documentos de música vocal, num total de trinta e três versões de romances, recolhidos até 1948. Se bem que apresentando bibliografia desatualizada, a documentação se reveste de muita importância.

MARCONI, Marina de Andrade. *Folclore do café*. São Paulo, Secretaria de Cultura, Ciência e Tecnologia. Conselho Estadual de Cultura, 1976, 136 pp.

Temas: agricultura, literatura, música, comidas e bebidas, medicina, superstições e crendices

Monografia, conseqüência de pesquisa realizada em Franca, Itirapuã, Patrocínio Paulista e Pedregulho, São Paulo, na década de 60. Há considerações sobre a vida e atividades dos trabalhadores de fazenda de café, receita de balas e doces, como se prepara a bebida, remédios, superstições e crendices, jogos etc. Há uma coleção de temas de música vocal, poesias, histórias, parlendas e anedotas.

MARCONI, Marina de Andrade. "A dança dos velhos em Franca, São Paulo", *Revista Brasileira de Folclore*, Rio de Janeiro, Campanha de Defesa do Folclore Brasileiro, 4(8/10):39-52, jan./dez. 1964.

Temas: folguedo popular, teatro

Este folguedo popular, chamado contradança também, tem referências históricas e atuais no Rio de Janeiro, Goiás, Ceará, Minas Gerais e até no Chile e em El Salvador. Depois de fazer essas menções, a autora descreve-o, com minúcias, apresentando esquemas coreográficos, além da documentação musical.

MARCONI, Marina de Andrade. "Lundu baiano, desafio coreográfico", *Revista Brasileira de Folclore*, Rio de Janeiro, Campanha de Defesa do Folclore Brasileiro, 3(5):23-9, jan./abr. 1963.

Tema: dança

É a primeira documentação, mais pormenorizada de lundu brasileiro. Os registros se deram em 1960/62, na cidade de Franca, São

Paulo, e Uberaba, Minas Gerais, comprovando-se através dos informantes sua procedência baiana. Em Uberaba, é referenciado um lundu de faca. Há documentos musicais dos solos de viola, instrumento que acompanha a dança.

MARTINS, Saul. "Artes e ofícios caseiros", *Revista do Arquivo Municipal*, São Paulo, Divisão do Arquivo Histórico, 164:153-85, jul./set. 1959.

Temas: comidas e bebidas, artesanato, arte

Dados coletados na região mineira do rio São Francisco. Relaciona a biscoitaria, com receitas, faz menção à técnica de se fazer azeite de mamona, óleos e gorduras, refere-se ao sabão, iluminação, atividades do meleiro e como se produzem cordas, cestas, fios, panos, tinta para tingir e renda de bilro. A apresentação se faz de maneira sucinta.

MELO, Veríssimo de. *Xárias e canguleiros*. Natal, Imprensa Universitária, 1968, 171 pp.

Temas: arte, religião, literatura, superstições e crendices,
 linguagem, usos e costumes

Relaciona notícias sobre artistas do Rio Grande do Norte, as capelas, as principais devoções de Natal. Inclui pequeno capítulo relativo aos pescadores da praia de Redinha e à Josefina Fonseca, a artista da areia colorida.

Apresenta alguns dados de fandango, chegança, boi calemba, congos, pastoril, bambelô.

MELO, Veríssimo de. "Rodas infantis brasileiras", *Revista do Arquivo Municipal*, São Paulo, 155:229-356, jan./mar. 1953.

Temas: roda, música

É a melhor e maior documentação da forma roda, que pode ser divertimento de criança e de adulto também.

São sessenta documentos, dos quais se deve excluir o jogo escravo de Jó, recolhidos no Rio Grande do Norte, apresentados com notas explicativas de como se brincam, registros da época da colheita e das necessárias informações bibliográficas.

MENEZES, Bruno de. *Boi-bumbá.* Belém, 1958, 79 pp.

Temas: folguedo popular, teatro

Reconstrução com base em lembranças da infância e material de informantes em Belém e interior do Pará, nas festas de São João. Há trinta documentos de música vocal.

Na conclusão, uma súmula da comédia de pássaro.

MONTE, Wanda Kiappe. *Rodas rurais da Bahia.* Rio de Janeiro, Lemmert, 1957, 64 pp.

Temas: roda, música

Documento de música vocal, texto cantado e pequena explicação do desenvolvimento de quarenta e uma rodas, que constituem divertimento de crianças e adultos.

Coleta realizada no interior baiano: Canudos, Simão Dias, Bonfim, Queimadas etc.

Comprova a existência no folclore brasileiro apenas da forma roda, que tanto pode ser expressão do mundo adulto como do infantil.

MONTEIRO, Mario Ypiranga. *Roteiro do folclore amazônico.* Manaus, Ed. Sérgio Cardoso/Fundação Cultural do Amazonas, 1964, 1974, 2 v.

Temas: folguedo popular, teatro, dança, festa, jogo,
  literatura, música

Orientação teórica muito pessoal e discutível. Informações diversas, relacionando exemplos indígenas, outros designados por alienígenas, que são os de aculturação européia, e, finalmente, os chamados literalizados, que constituem o material de aproveitamento literário erudito. Também inclui dados de procedência popularesca. Há um capítulo inédito sobre literatura de cordel no Amazonas. Bibliografia variada.

MONTEIRO, Mário Ypiranga. *Memória sobre a cerâmica popular do Manaquiri*. Rio de Janeiro, Instituto Brasileiro de Bibliografia e Documentação, 1957, 23 pp. Mimeografado.

Tema: artesanato

Dados de campo, recolhidos em 1956, na região de Manaquiri, banhada pelo Solimões, no Amazonas. Cerâmica manual, na técnica do levantamento de paredes, usando fazer rolo de barro para o beiço da vasilha. O barro é misturado com as cinzas do carepe ou caraipé (*licania utilis*). A peça é alisada com a língua do uruá, membrana córnea desse molusco e polida com o caroço da palmeira inajá ou murumuru (*astrocaryum murumuru*). A queima é realizada ao relento em coivaras. Usam passar verniz da resina ou breu do jutaí, conhecido por jutaica, que deixa o objeto brilhante e vidrado.

MONTEIRO, Mário Ypiranga. *Folclore; danças dramáticas*. S. 1 (Série Turismo, 2). Empresa Amazonense de Turismo, 1972, 15 pp.

Temas: folguedo popular, teatro

Folheto com informações atuais sobre dois folguedos populares de Manaus: o boi-bumbá e a comédia ou pássaro. Estabelece diferença entre comédia e pássaro, que tem muitas semelhanças, e menciona a presença de outros folguedo populares: brigue ou marujada, pastorinhas, caninha verde.

MONTEIRO, Mário Ypiranga. "Festa dos cachorros", *Revista Brasileira de Folclore*, Rio de Janeiro, Campanha de Defesa do Folclore Brasileiro, 1(1):29-43, set./dez. 1961.

Temas: religião, festa

Descreve o banquete dos cachorros, na forma de promessa a São Lázaro, tradicional no Norte e Nordeste. Acredita numa confusão entre São Lázaro e São Roque, conseqüência da semelhança das estampas desses santos, porque na realidade o cachorro está ligado a São Roque e não a São Lázaro. Relaciona os lugares do Amazonas onde se realiza o banquete, destacando Manaus. Refere-se à festa de São Lázaro, em Caapiranga-Mirim, com reza, mastro, foguetes e também com o ritual da comida aos cachorros.

MORAIS FILHO, Nascimento. *O que é, o que é?* São Luís, SIOGE, 1972, 291 pp.

Tema: linguagem

Coleção variada de adivinhas, recolhidas principalmente entre estudantes. Há tentativa de classificação e mapa do Maranhão, mostrando regiões investigadas. No índice, as adivinhas estão relacionadas pela resposta.

MORAES, Wilson Rodrigues de. *Folclore básico: orientação para trabalhos escolares.* São Paulo, Ed. Esporte Educação, 1974. 95 pp.

Tema: folclore (teoria e metodologia)

Trabalho de orientação para o estudante segundo a teoria de cultura espontânea de Rossini Tavares de Lima, fundamento científico da Escola do Folclore, anexa ao Museu de Folclore, em São Paulo. De maneira muito objetiva, mostra as características da teoria, que dá novo enfoque ao folclore, entrando, a seguir, em considerações sobre o problema do aproveitamento de folclore e terminando com uma série de sugestões para trabalhos práticos.

MORAES, Wilson Rodrigues de. "Escolas de samba e cordões da cidade de São Paulo", *Revista do Arquivo Municipal*, São Paulo, Divisão do Arquivo Histórico, *183*:169-227, jan./dez. 1972.

Temas: folguedo popular, teatro

Dentro do tema, é o primeiro estudo sério, com boa documentação histórica e coleta de dados, através da observação e entrevista.

Mostra como estas manifestações do folguedo popular, em São Paulo, têm uma crônica diferente, ligando-se às festas do Bom Jesus de Pirapora, ao samba também chamado de pirapora, campineiro ou de bumbo etc.

NASCIMENTO, Bráulio do. "Processo de variação do romance", *Revista Brasileira de Folclore*, Rio de Janeiro, Campanha de Defesa do Folclore Brasileiro, 4(8/10):59-125, jan./dez. 1964.

Tema: literatura

Estudos sobre 47 versões do romance de Dom Jorge e Dona Juliana, comprovando sua marcante estrutura temática, o que lhe assegura a unidade na diversidade das variantes. Conclui que o fenômeno da variação se restringe à estrutura verbal e não afeta a temática. Boa bibliografia.

NASCIMENTO, Haydee. "Cerâmica folclórica em Apiaí". S.n.t. *Separata da Revista do Arquivo* (186), 121 pp.

Tema: artesanato

Tese de conclusão da Escola de Folclore, anexa ao Museu do Folclore, ex-Museu de Artes e Técnicas Populares, Parque Ibirapuera, São Paulo. Pesquisa de campo para a coleta de dados e estudo com base em boa bibliografia. Conclui pela possibilidade de uma aculturação banto na técnica artesanal da cerâmica utilitária.

NASCIMENTO, Haydée. "Pesquisa de umbanda e candomblé", *Cultura*, Brasília, Ministério da Educação e Cultura, 6(23):104-9, out./dez. 1976.

Tema: religião

Relatório de pesquisa feita na Capital, São Paulo, por sugestões da Escola de Folclore. Os dados são de candomblé de caboclo, com acentuada aculturação espiritista, e de um terreiro de umbanda, na qual Lúcifer é espírito do bem e se processam curas através do espírito do Padre Donizetti.

NERY, Dom João Batista. *A cabula, um culto afro-brasileiro*. Vitória, Comissão Espírito-Santense de Folclore, 1963, 17 pp.

Tema: religião

Descrição de religião mediúnica de aculturação banto, incluída em Carta Pastoral de 1901. O documento foi encontrado e divulgado, pela primeira vez, em 1951, por Guilherme Santos Neves, responsável também por esta publicação. Anteriormente, Nina Rodrigues, Artur Ramos e Édison Carneiro e Roger Bastide o mencionaram sem haver verificado com propriedade o documento. Em anexo, há um mapa da região da cabula, no Espírito Santo.

NEVES, Guilherme Santos; COSTA, João Ribas da. *Cantigas de roda*. Vitória, Rio de Janeiro, 1948, 1953, 2 v.

Temas: roda, música

Vinte rodas, recolhidas como divertimento de crianças em diversas regiões do Espírito Santo. Há documento de música vocal, textos literários, maneiras de brincar, referências às variantes locais e alguns dados comparativos bibliográficos.

NEVES, Guilherme Santos. "Costumes nupciais da Pomerânia entre colonos teuto-brasileiros", *Folclore*, Vitória, Comissão Espírito-santense de Folclore, 4/5(24/25):9-14, maio/ago. 1953.

Temas: usos e costumes, ritos de passagem

Dados relativos a casamentos de descendentes de pomeranos de Recreio, em Santa Leopoldina. O *hochzerbitter*, com seu chapéu enfeitado de fitas e montado em cavalo ornamentado, distribui os convites. Os convidados são recebidos à porta, com toque de harmônica. Além de muita comida e bebida, mastro com bandeiras, bombas e foguetes. Há uma série de notas esclarecedoras, acompanhando o texto.

NEVES, Guilherme Santos. "Folclore capixaba", *Folclore,* Vitória, Comissão Espírito-santense de Folclore, *19*(84):9-14, jan./jun. 1968.

Temas: festa, música

Diversos aspectos analisados como contribuição do português, africano, indígena, açoriano, italiano, alemão, polonês e do migrante interno, procedentes da Bahia, Minas Gerais, Estado do Rio de Janeiro.

Considera como características do Espírito Santo, sem correspondência com outras regiões, a Festa do Mastro e a Banda de Congos.

NUNES PEREIRA. *O sahiré e o marabaixo: contribuição ao Primeiro Congresso Brasileiro de Folclore, 1951.* Rio de Janeiro, Governo do Amapá, 1951, 139 pp.

Temas: religião, dança, festa

Informações um tanto confusas sobre o cortejo católico-folclórico sahiré e a dança marabaixo, com documentos de música vocal, fotografias e mapa de sua distribuição geográfica no Amapá, Pará e Amazonas. Há breves menções às festas de São Tiago e do Divino e à cavalhada de mouros e cristãos, de Mazagão. Bibliografia sem grande interesse para os temas abordados.

OLIVEIRA, Albano Marinho de. *Berimbau, o arco musical da capoeira.* Salvador, Imprensa Oficial da Bahia, 1958, 66 pp.

Tema: música

Documenta a existência, entre nós, de três modalidades de berimbau. O de boca, feito de ferro, na forma de pequena ferradura, que teve larga divulgação outrora. Outro, de arco, que apresenta como caixa de ressonância a própria boca do instrumentista. E, afinal, o de arco com metade de cabaça, que é o instrumento do jogo da capoeira e que constitui o fundamento do estudo, bem documentado na bibliografia, com registros musicais e fotos.

OLIVEIRA, Noé Mendes de. *Folclore no Piauí*. Teresina, Secretaria de Educação e Cultura, 1973, 38 pp. Mimeografado.

Temas: festa, dança, folguedo popular, teatro, literatura
São os primeiros dados de maior objetividade sobre o folclore do Estado do Piauí. Há um pequeno calendário de festas, relação dos santos mais populares, danças como cavalo Piancó, lezeira, roda de São Benedito, coco e pagode, folguedos populares no exemplo do bumba-meu-boi, reisado, marujada, pastoril, mitos, quadrinhas, desafio em quadras etc.

PACHECO, Renato José Costa. *Antologia do jogo do bicho*. Rio de Janeiro, Organização Simões, 1957, 193 pp.

Tema: jogo
Pesquisa realizada de 1949 a 1956. Relaciona bibliografia, mostrando a existência de jogo semelhante no Cambodge e de como o nosso jogo nasceu no Rio de Janeiro. Dá uma informação sobre o jogo das vinte e cinco flores, no Espírito Santo. A seguir, documenta a importância do jogo do bicho, através de noticiário jornalístico e registro de escritores. Ao final, apresenta diversas poesias folclóricas relacionadas ao jogo, um anedotário e pequeno vocabulário.
É o melhor trabalho sobre o tema.

PARDAL, Paulo. *Carrancas do São Francisco*. Rio de Janeiro, Serviço de Documentação Geral da Marinha, 1974, 146 pp.

Tema: arte
Documentação válida pelas considerações bibliográficas e coleta atual de campo, incluindo excelente coleção de fotos. A orientação teórica, entretanto, deixa muito a desejar.

PELUSO JÚNIOR, Vitor A. "Geografia e folclore", *Boletim Trimestral*, Comissão Catarinense de Folclore. Florianópolis, 3(9/10):115-64, set./dez. 1951.

Temas: casa, literatura, religião

Alguns dados sobre folclore, em Santa Catarina, devendo-se destacar os relativos à casa rural. Pode ser de pau-a-pique e cobertura de palha; barreada, com armação de taquara e outras. Historicamente, deve ter sido fundamental a casa de oitão, surgindo, depois, a de oitão e beirado que predominou. O imigrante europeu do século XIX alterou suas características.

PIAZZA, Walter F. *Folclore do Brusque: estudo de uma comunidade*. Brusque, Sociedade de Amigos do Brusque, 1960, 224 pp.

Temas: linguagem, literatura, festa, religião, folguedo popular, teatro, dança, jogo

Estudo sobre o folclore de cidade, em Santa Catarina, que se caracteriza pela aculturação luso-açoriana, alemã e italiana. No material coletado, há menção a orações, em alemão, para diferentes males, festa de Nossa Senhora de Caravaggio, Páscoa com os ninhos para o coelhinho depositar os ovos, comemoração de São Nicolau a 6 de dezembro, Natal com presépios e árvores de Natal, folguedo popular do boi-de-mamão com pau-de-fita, grupo religioso Terno de reis, dança Ratoeira, festa do Tiro ao Alvo, boi-na-vara.

RABAÇAL, Alfredo João. *Cerâmica figurativa do Vale do Paraíba, São Paulo, Brasil*. Lisboa, Junta de Investigações do Ultramar, 1965. Separata de *Atas do Congresso Internacional de Etnografia*, Lisboa, 2, 1965, 56 pp.

Tema: arte

Trabalho de boa orientação científica, que estuda a escultura, em barro, observada em São José dos Campos, Caçapava, Pindamonhangaba e que tem como principal centro Taubaté. Resulta de pesquisa de campo, iniciada em 1959 e complementada em 1961. Inclui numerosas fotos e bibliografia.

RABAÇAL, Alfredo João. *As congadas no Brasil*. São Paulo, Secretaria de Cultura, Ciência e Tecnologia. Conselho Estadual de Cultura, 1976, 296 pp. (Folclore)

Temas: folguedo popular, teatro

Tese de mestrado em Ciências Sociais, defendida em 1963.

Sob o ponto de vista bibliográfico, é o mais completo levantamento dos congos, congados, congadas até essa data.

No estudo, estabelece sua distribuição histórico-geográfica, relaciona as épocas em que são apresentados, analisa as partes e enredos, principais personagens, indumentária, instrumentos musicais e seus participantes. Há resumo em inglês, francês e alemão.

RABAÇAL, Alfredo João. *Os conceitos de folclore e etnologia em Portugal e no Brasil*. (Cadernos de Etnografia, 5.) Barcelos, Museu de Cerâmica Popular Portuguesa, 1969, 21 pp.

Tema: folclore (teoria)

Mostra a diferença entre as posições teóricas dos especialistas brasileiros e portugueses. No Brasil, relaciona Rossini Tavares de Lima, Oswaldo R. Cabral e Renato Almeida; em Portugal, Jorge Dias, Santos Junior e Veiga de Oliveira.

REAL, Katarina. *O folclore no Carnaval de Recife*. Rio de Janeiro, Campanha de Defesa do Folclore Brasileiro, 1967, 160 pp.

Temas: folguedo popular, teatro

Levantamento de dados de folguedos populares e outros grupos, que aparecem no carnaval recifense, com explicações das características de cada um deles. Destaquem-se as referências aos maracatus, cabocolinhos, tribos de índio, ursos de Carnaval, bumba-meu-boi e reisado imperial.

Bibliografia bem orientada.

RIBEIRO, Joaquim. *Folclore de Januária*. Rio de Janeiro, Campanha de Defesa do Folclore Brasileiro, 1970, 194 pp.

Temas: caça, pesca, pecuária, agricultura, artesanato, comidas e bebidas, transporte, indumentária, máquinas e ferramentas, linguagem, literatura, superstições e crendices, rodas e jogos, música, folguedos populares, teatro

Resultado de pesquisa feita, em 1960, sob os auspícios da Campanha de Defesa do Folclore Brasileiro. Há informações bem resumidas e nem sempre esclarecedoras, sobre diferentes aspectos da cultura material e da cultura espiritual.

RIBEIRO, Maria de Lourdes Borges. *Um grupo de moçambique de Aparecida do Norte*. São Paulo, Prefeitura. Divisão do Arquivo Histórico, 1959. Separata da *Revista do Arquivo Municipal*, São Paulo, *164*:11-117.

Temas: folguedo popular, teatro

Monografia bem orientada que estuda o moçambique do bairro de São Roque, na característica de folguedo popular de larga difusão no Vale do Paraíba. Apresenta documentos de música vocal, esquemas de coreografia e numerosas fotos, além de bibliografia.

RIOS, José Arthur. *Artesanato e desenvolvimento; o caso cearense*. Rio de Janeiro, SESI-CNI, s. d. 224 pp.

Tema: artesanato

Relatório para fins de assistência técnica e financeira ao artesão, realizado em 1962. De valor pelas informações que oferece sobre modalidades e procedência da arte e artesanato folclóricos do Ceará. A bibliografia nem sempre se refere ao tema do relatório.

ROCHA, Lea Maria da. "Travalíngua, forma de linguagem folclórica", *A Gazeta*, São Paulo (197-207), 26 maio-4 ago. 1962. Folclore.

Tema: linguagem

Inquérito realizado na classe média, em São Paulo, apresentando muitos documentos do Centro de Pesquisas Folclóricas "Mário de Andrade", que haviam sido coletados por ex-alunos de Rossini Tavares de Lima. Com alguma bibliografia são analisados trinta e três travalínguas e numerosas variantes. Mais do que uma forma de linguagem na característica de jogo, o travalíngua é considerado na inconsciente função pedagógica de correção de pronúncia.

RODRIGUES, An'Augusta. "O Jaraguá", *Revista Brasileira de Folclore*, Rio de Janeiro, Campanha de Defesa do Folclore Brasileiro, 12(32):45-64, jan./abr. 1972.

Temas: folguedo popular, teatro

Personagem de cena bumba-meu-boi e de reisado, da Bahia e do Nordeste, transforma-se em principal figura de folguedo popular da região de Campos e São João da Barra, Rio de Janeiro. Sempre na característica de caveira de cavalo, toda enfeitada, que bate as mandíbulas e funciona como mito.

No trabalho descritivo desse folguedo popular há temas de música vocal.

SALLES, Vicente; ISDEBSKI, Morena. "Carimbo, trabalho e lazer do caboclo", *Revista Brasileira de Folclore*, Rio de Janeiro, Campanha de Defesa do Folclore Brasileiro, 9(25):257-82, set./dez. 1969.

Tema: dança

Reporta-se às fontes bibliográficas da dança, estabelece-lhe a área e o estuda em Vigia, no Pará, segundo dados coletados. Há documentação da música e referências aos ritmos básicos. Menciona o Peru de Atalaia, que parece representar a parte solista do carimbo, em Salinópolis.

SALLES, Vicente Gama Urbano. "Gaiolas", *Boletim Trimestral*, Comissão Catarinense de Folclore, Florianópolis, 6(15/16):109-12, jun./set. 1953.

Temas: artesanato, avicultura

Mostra qual o material e como são feitas as gaiolas na Ilha de Santa Catarina e arredores. O material é constituído de flechas de garapuvu, taquaras, flechas do mato e varetas de bambu. Descreve a técnica artesanal de produção e os vários tipos: para caçar, para brigas e as simples.

Oferece alguns esclarecimentos sobre o jogo de briga dos canários da terra.

SCHEUER, Herta Loëll. *Estudo da cerâmica popular do Estado de São Paulo*. São Paulo, Secretaria de Cultura, Ciência e Tecnologia. Conselho Estadual de Cultura, 1976, 131 pp. (Folclore, 3).

Tema: artesanato

Mostragem da cerâmica utilitária, conseqüência de trabalho de campo realizado de 1962 a 1967, nos municípios de Itararé, Rio Branco, Apiaí, Iguape, São Sebastião, Cunha.

A finalidade é dar esclarecimentos sobre a técnica manual de produção, formas e decorações. Não há qualquer referência à bibliografia de folclore brasileiro, relacionada ao tema. Interessa, portanto, aos folcloristas como levantamento de dados, sem dúvida bem orientado.

SCHEUER, Herta Löell. *Manufaturas de cerâmica popular em Mato Grosso central*. São Paulo, 1976, 16 pp.

Tema: artesanato

Pequeno estudo sobre a cerâmica utilitária de Cuiabá, Várzea Grande e Cáceres. Além de analisar a técnica artesanal, preocupa-se com as ornamentações como o corrugado, digitado, digitungulado etc. Há desenhos de peças prontas e em elaboração.

SCHMIDT, Carlos Borges. "O pão da terra". Separata da *Revista do Arquivo Municipal*, São Paulo, 165, Divisão do Arquivo Histórico, 304 pp.

Temas: agricultura, artesanato, comidas e bebidas
Pesquisa muito bem orientada sobre o complexo da mandioca, partindo de observações de campo levadas a efeito, especialmente, no litoral norte paulista.
Há todo um levantamento bibliográfico, oferecendo a melhor visão da agricultura e da técnica artesanal de produção de farinha de mandioca, o pão da terra dos antigos cronistas.

SERAINE, Florival. "Sobre currais e outros métodos de pesca no litoral", *Folclore*, Vitória, Comissão Espírito-santense de Folclore, 3(16/17):1-2, jan./abr. 1952; 3(18):3-4, 6, maio/jun. 1952.

Tema: pesca
Informações sobre a armadilha, conhecida por curral em várias regiões brasileiras. A coleta foi realizada na Vila de Paracuru, a 100 quilômetros de Fortaleza, Ceará.
Mostra qual a madeira usada para construí-la e descreve a técnica da construção. Há dados relativos aos peixes de curral e da técnica da despesca, repartição dos quinhões. Relaciona outras armas e armadilhas e apresenta bibliografia.

SILVA, Francisco Pereira da. *O desafio calangueado*. São José dos Campos, 1976, 55 pp. Mimeografado.

Tema: literatura
Primeira monografia sobre o calango, importante manifestação de poesia folclórica, que tem característica de desafio e uma coreografia que está em fase de decadência. Na qualidade de observador participante, o autor coletou dados no Vale do Paraíba e região limítrofe de Minas Gerais. Dá preferência ao estudo do calango como poesia de desafio e também individual, que pode ser acompanhado

por sanfona ou por viola e, ultimamente, já tem no seu acompanhamento o violão, pandeiro e sanfona. Na modalidade de calango inclui uma variante de "Rei mandô me chamá", cantado em São José dos Campos.

Resenha biográfica de doze cantadores, com idade de 30 anos para cima. Há numerosos documentos recolhidos em 1976.

SPALDING, Walter. *Tradições e superstições do Brasil Sul; ensaios de folclore*. Rio de Janeiro, Organização Simões, 1955, 223 pp.

Temas: linguagem, superstições e crendices, medicina

Quanto à orientação teórica nada se pode assinalar que mereça registro especial. Está inteiramente ultrapassada. Mas há bom acervo documental para estudos comparativos que visem a demonstração, pelo menos, de uma unidade na expressão folclórica brasileira, que os regionalismos não se aperceberam e continuam a negá-la.

SPARTA, Francisco. *A dança dos orixás; as relíquias brasileiras da afro-Ásia bíblica*. São Paulo, Herder, 1971, 289 pp.

Tema: religião

Estudo de sacerdote católico sobre as manifestações religiosas mediúnicas de aculturação africana. É conseqüência de pesquisas feitas na Bahia, principalmente, e em Recife, e da melhor bibliografia.

Importante pela análise católica dessas manifestações, que se definem, atualmente, no binômio umbanda-candomblé.

TEIXEIRA, Fausto. "Metodologia popular capixaba", *Revista Brasileira de Folclore*, Rio de Janeiro, Campanha de Defesa do Folclore Brasileiro, 5(13):253-82, set./dez. 1965.

Temas: superstições e crendices, linguagem, literatura

Informações resultantes de inquérito realizado com professoras rurais leigas sobre chuva, seca, arco-íris, relâmpago, trovão, raio. Há comentários e referências bibliográficas.

TEIXEIRA, Fausto. "Os astros no folclore capixaba", *Revista Brasileira de Folclore*, Rio de Janeiro, Campanha de Defesa do Folclore Brasileiro, 2(2):63-105, jan./abr. 1962.

Temas: superstições e crendices, linguagem, literatura

Resultado de inquérito realizado através de professoras rurais leigas. Há informações relativas a folclore da lua, sol, estrelas, cometas, via-láctea, eclipses e cotejos comparativos na base de bibliografia.

TOLEDO PIZA, Flávio de. *Estudo sobre o romance do soldado jogador.* São Paulo, Divisão do Arquivo Histórico, 1959. Separata da *Revista do Arquivo Municipal*, 165. 116 pp.

Tema: literatura

No fundamento de versão colhida, em 1949, é um estudo e análise desse exemplar da forma poética do romance.

Há cotejos comparativos com variantes capixabas, gaúchas, cearenses, argentinas, canarinas, espanholas e inglesas. Trata-se de trabalho sério e com boa bibliografia.

VIANA, Hildegardes Cantolino. "As *aparadeiras*, as *sendeironas* e seu folclore", *Revista do Arquivo Municipal*, São Paulo, Departamento de Cultura, 179:56-88, out./dez. 1969.

Temas: usos e costumes: ritos de passagem

Através de entrevistas com parteiras práticas de Salvador, Bahia, oferece dados diversos. Como se conhece a gravidez, o que pode amarrar o parto, os resguardos e remédios para entojo, azia, inchaço. No que se relaciona ao parto, como resolver as dores, vaticínio do sexo, o que fazer com a secundina ou placenta. Em relação à criança, os cuidados com o umbigo, olhos, banho etc.

VIEIRA FILHO, Domingos. *Folclore do Maranhão.* São Luís, SIOGE, 1976, 74 p.

Temas: dança, folguedo popular, teatro, comidas e bebidas,
   periódicos, artigos

Série de comentários, que incluem dados de valor como ponto de partida para pesquisas. Vejam-se, por exemplo, os relativos à dança de São Gonçalo, que aparece em muitos municípios maranhenses como Axixá, Pastos Bons, Penalva etc.; ao lelê, uma dança possivelmente de aculturação francesa, conhecida em Rosário, Vale do Itapicuru; ao ritual da queimação da palhinha dos presépios, que está vivo onde existe presépio; a importância do fruto do pequizeiro na mesa maranhense, inclusive através do seu apreciado licor.

BIBLIOGRAFIA

ALMEIDA, Renato. *História da música brasileira*. 2.ª ed. corr. aum. Rio de Janeiro, F. Briguiet, 1942, 529 pp.
——. *Inteligência do folclore*. Rio de Janeiro, Livros de Portugal, 1957, 310 pp.
——. *Tablado folclórico*. São Paulo, Ricordi Brasileira, 1961, 176 pp.
ALVARENGA, Oneyda. *Música popular brasileira*. Porto Alegre, Globo, 1950, 360 pp.
AMARAL, Amadeu. *Tradições populares*. São Paulo, Inst. Progresso Ed., 1948, 418 pp.
ANDRADE, Mário de. *Danças dramáticas do Brasil* (obras completas de Mário de Andrade, 18). São Paulo, Martins, 1959, 3 v.
——. *Música de feitiçaria no Brasil*. Organização, introdução e notas de Oneyda Alvarenga (obras completas de Mário de Andrade, 13). São Paulo, Martins, 1963, 295 pp.
BOUTEILLER, Marcelle. *Médicine populaire d'hier et d'aujourd, hui*. Paris, Maisonneuve et Larose 1966, 369 pp.
BRASIL. Fundação IBGE. *Médicine populaire d'hier et d'aujourd' hui*.
BRASIL. Fundação IBGE. *Tipos e aspectos do Brasil*. 10.ª ed. atual. Ilust. Percy Lau e Barbosa Leite. Rio de Janeiro, 1975, 505 pp. Excertos da *Revista Brasileira de Geografia*.
CALDEIRA, Clovis. *Mutirão; formas de ajuda mútua no meio rural* (Biblioteca Pedagógica Brasileira. Brasiliana. Série 5.ª, 289). São Paulo, Nacional, 1956, 222 pp.
CAMARGO, Cândido Procópio Ferreira de. *Kardecismo e umbanda*. São Paulo, Pioniera, 1961, 176 pp.
CARNEIRO, Édison. *Candomblés da Bahia*. 3.ª ed. Rio de Janeiro, Conquista, 1961, 189 pp.
——. *Dinâmica do folclore* (Perspectivas do homem, 9). Rio de Janeiro, Civilização Brasileira, 1965, 188 pp.

——. *O folclore nacional; 1943-1953*. Bibliografia seletiva. Rio de Janeiro, Souza, 1954, 73 pp.
——. *A sabedoria popular* (Bibl. de Divulgação Cultural. Série A, 11). Rio de Janeiro, Instituto Nacional do Livro, 1957, 230 pp.
——. *A sabedoria popular* (Bibl. de Divulgação Cultural. Série A, 11). Rio de Janeiro, Instituto Nacional do Livro, 1957, 230 pp.
CASCUDO, Luiz da Câmara. *Antologia do folclore brasileiro; séculos XVI, XVII, XVIII, XIX, XX, os cronistas coloniais, os viajantes estrangeiros, os estudiosos do Brasil*. 2.ª ed. São Paulo, Martins, 1956, 628 pp.
——. *Geografia dos mitos brasileiros* (Col. Documentos Brasileiros, 52). São Paulo, José Olympio, 1947, 467 pp.
——. *História da alimentação no Brasil* (Brasiliana, 323, 323ᴬ). São Paulo, Nacional, 1967/1968, 2 v.
——. *Mouros, franceses e judeus...* Rio de Janeiro, Ed. Letras e Artes, 1967, 154 pp.
——. *A vaquejada nordestina e sua origem*. Natal, Fundação José Augusto, 1971, 48 pp.
COFFIN, Tristam, III (org.). *O folclore dos Estados Unidos*. São Paulo, Cultrix, 1970, 342 pp.
COLONELLI, Cristina Argenton. "Bibliografia de folclore brasileiro", in: *Introdução ao estudo da antropologia no Brasil*. Encontro Internacional de Estudos Brasileiros. Seminário de Estudos Brasileiros, 1.º, São Paulo, USP, Instituto de Estudos Brasileiros, 1971, 329 pp. Mimeografado.
COMISSÃO DO REAL INSTITUTO DE ANTROPOLOGIA DA GRÃ-BRETANHA E DA IRLANDA. *Guia prático de antropologia*. Trad. Octávio Mendes Cajado. São Paulo, Cultrix, 1971, 431 pp.
O CORREIO PAULISTANO. "Correio folclórico". São Paulo (1-82), 5 fev. 1950-30 dez. 1951.
COSTA, Esdras Borges. *Cerrado e retiro; cidade e fazenda no Alto São Francisco*. Rio de Janeiro, Comissão do Vale do São Francisco, 1960.
COSTA FERREIRA, Carlos José da. *Artesanato e arte popular*. Bahia, Livraria Progresso, 1957, 188 pp.
D'AENEMS, Albert *et al*. *Folklore de Belgique; guide dês manifestations et dês musées*, Bruxelles, Nicole Serais, 1974, 285 pp.
FERRARI, Alfonso Trujillo. *Potengi; encruzilhada no Vale do São Francisco*. São Paulo, Ed. Sociologia e Política, 1960, 334 pp.
GALVÃO, Eduardo. *Guia das exposições de antropologia*. Belém, Museu Paraense Emílio Goeldi, 1973.
GARCIA, Angélica de Rezende. *Nossos avós contavam e cantavam; ensaios folclóricos e tradições brasileiras*. Belo Horizonte, Imprensa Oficial, 1949, 191 pp.
A GAZETA. "Folclore". São Paulo (1-288), 12 jul. 1959-23 nov. 1963.

GOOD, William J.; HATT, Paul K. *Métodos em pesquisa social*. 3ª ed. Trad. Carolina Martuscel-Bori (Biblioteca Universitária. Série 2ª, Ciências Sociais, 3). São Paulo, Nacional, 1969, 488 pp.

GUERRA PEIXE, César. "Os cabocolinhos do Recife", *Revista Brasileira de Folclore*, Rio de Janeiro, Campanha de Defesa do Folclore Brasileiro, 6(15):135-58, maio/ago. 1966.

———. "Zabumba, orquestra nordestina", *Revista Brasileira de Folclore*, Rio de Janeiro, Campanha de Defesa do Folclore Brasileiro, 10(26):13-38, jan./abr. 1970.

HENRY, Bernard. *Dês métiers et des hommes du village*. Paris, Seuil, 1975, 124 pp.

HERSKOVITS, Melville J. *Antropologia cultural; man and his works*. Trad. M. José de Carvalho e Hélio Bichels. São Paulo, Mestre Jou, 1963, 1964, 2 v.

HOLANDA, Sérgio Buarque de. *Caminhos e fronteiras*. Rio de Janeiro, José Olympio, 1957, 334 pp.

LESSA, Barbosa; CORTES, Paixão. *Danças e andanças da tradição gaúcha*. Porto Alegre, Garatuja, 1975, 225 pp.

MAUSS, Marcel. *Manual de etnografia* (Biblioteca Pórtico). Trad. Maria Luísa Maia. Lisboa, Editorial Pórtico, pref. 1967, 279 pp.

MELO, Veríssimo. "Rodas infantis brasileiras", *Revista do Arquivo Municipal*, São Paulo, Departamento de Cultura, Divisão do Arquivo Histórico, 29(155):228-356, jan./mar. 1953.

MINISTÉRIO DA EDUCAÇÃO E CULTURA. *Literatura popular em verso*; antologia. Rio de Janeiro, Casa de Rui Barbosa, 1964, v. 1.

MINISTÉRIO DA EDUCAÇÃO E CULTURA. *Literatura popular em verso*; catálogo. Rio de Janeiro, Casa de Rui Barbosa, 1961, v. 1.

MINISTÉRIO DA EDUCAÇÃO E CULTURA. *Literatura popular em verso*; estudos. Rio de Janeiro, Casa de Rui Barbosa, 1973, v. 1.

MINISTÉRIO DAS RELAÇÕES EXTERIORES, IBECC. *Anais do Congresso Brasileiro de Folclore*, n.º 1, 22 a 31 de agosto de 1951, Rio de Janeiro, 2 v.

MORAES, Rubens Borba de; BERRIEN, William. *Manual bibliográfico de estudos brasileiros*. Rio de Janeiro, Souza, 1949.

MORAES, Wilson Rodrigues de. "Escolas de samba e cordões da cidade de São Paulo", *Revista do Arquivo Municipal*, São Paulo, Departamento de Cultura, Divisão do Arquivo Histórico, 34(183):167-227, jan./dez. 1971.

MORAES, Wilson Rodrigues de. *Folclore básico; orientação para trabalhos escolares*. São Paulo, Ed. Esportes Educação, 1974, 95 pp.

MOYA, Ismael. *Didáctica del folklore*. Buenos Aires, El Ateneo, 1948, 294 pp.

NASCIMENTO, Braulio do (org.). *Bibliografia do folclore brasileiro* (Col. Rodolfo Garcia. Série B. Catálogos e Bibliografias). Colaboração de Cydnéa Bouyer. Rio de Janeiro, Biblioteca Nacional, 1971, 353 pp.

NERY, João Batista D. *A cabula, um culto afro-brasileiro*. Vitória, Comissão Espírito-santense de Folclore, 1963, 17 pp.

NOGUEIRA, Oracy. *Pesquisa social; introdução às suas técnicas* (Biblioteca Universitária. Série 2.ª Ciências Sociais, 26). 2.ª ed. São Paulo, Nacional, 1969, 206 pp.

PEREIRA, Benjamin Enes. *Bibliografia analítica de etnografia portuguesa*. Lisboa, Instituto de Alta Cultura, Centro de Estudos de Etnologia Peninsular, 1965, 670 pp.

PIERSON, Donald et al. *Cruz das almas...* Rio de Janeiro, José Olympio, 1966, 458 pp.

———. *O homem no Vale do São Francisco*. Trad. Maria Aparecida Madeira Karberg e Ruy Jungmann. Rio de Janeiro, Ministério do Interior, SUVALE, 1972, 3 v.

RAMOS, Artur. *Introdução à antropologia brasileira; as culturas não européias; culturas européias e os contatos raciais e culturais* (Col. Estudos Brasileiros). Rio de Janeiro, Casa do Estudante, 1947, 2 v.

REAL, Katarina. *O folclore no Carnaval de Recife*. Rio de Janeiro, Campanha de Defesa do Folclore Brasileiro, 1967, 160 pp.

RIBEIRO, Darci. *Os índios e a civilização; a integração das populações indígenas no Brasil moderno*. Rio de Janeiro, Civilização Brasileira, 1970, 495 pp.

RIBEIRO, Joaquim. *Folklore dos bandeirantes*. Rio de Janeiro, José Olympio, 1946, 212 pp.

———. *Folklore brasileiro*. Rio de Janeiro, Zélio Valverde, 1944, 222 pp.

SALES, Vicente. *O negro do Pará sob o regime da escravidão*. Rio de Janeiro, Fundação Getúlio Vargas, Univ. Fed. do Pará, 1971, 336 pp.

SCHMIDT, Carlos Borges. "O pão da terra", *Revista do Arquivo Municipal*. São Paulo, Departamento de Cultura, Divisão do Arquivo Histórico, 1959, 304 pp.

SCHMIDT, Léopold. *Le théatre populaire européen* (Folklore Europeen, 3). Trad. Michéle Remseyer e Pierre Robinet. Klaus Beitl (coord.). Paris, Maisonneuve et Larose c1965, 506 pp.

SHAPIRO, Harry L. (org.). *Homem, cultura e sociedade* (Biblioteca Fundo Universal de Cultura. Estante de Sociologia). Trad. G. Robert Coaracy e Joanna E. Coaracy. Rio de Janeiro, Fundo de Cultura, 1966, 430 pp.

SPARTA, Francisco. *A dança dos orixás; as relíquias brasileiras da afro-Ásia bíblica*. São Paulo, Herder, 1971, 289 pp.

SWOBODA, Otto. *Lebendiges brauchtum*. Wien, Residenz Verlag, 1970.

VAN GENNEP, Arnold. *Manuel de folklore français contemporain*. Paris, Auguste Picard, 1937-1949, 8 v.

VARAGNAC, André. *Civilisation traditionalle et genres de vie*. Paris, Albin Michell c1948, 398 pp. (Sciences d'aujourd'hui).

Cromosete
Gráfica e editora ltda.

Impressão e acabamento.
Rua Uhland, 307 - Vila Ema
03283-000 - São Paulo - SP
Tel./Fax: (011) 6104-1176
Email: cromosete@uol.com.br